KB169701

비울수록
사람을
더 채우는

말
그
릇

비울수록
사람을
더 채우는

말 그 릇

김윤나 지음

오아시스
Oasis

·
·
·

마음에서 나오는 말은 마음으로 들어간다.

서양속담

먼저 읽은 독자들의 추천!

이제야 완독한 것이 아쉬울 만큼 괜찮은 책입니다. 인간에 관한 저자의 이해가 상당히 정확합니다. 이 책은 저자의 개인적인 경험과 심리학적 근거를 기반으로 대화와 소통의 본질을 이야기합니다. 우리 모두 자기 이해에 기반한 상처 치유를 통해 타인을 진정으로 수용하는 '말 그릇'을 가질 수 있다는 것이 핵심이죠. 술술 읽히지만, 내용은 절대 가볍지 않은 책으로 일독을 권합니다.

_ o3o***

단순히 '말을 잘하는 기술(테크닉)'을 알려 주는 책이 아닙니다. 작가는 사람의 '말'에는 상당히 많은 것들이 담겨 있다고 얘기합니다. 살면서 보고, 듣고, 느낀 모든 것이 뒤섞이고 숙성돼서 그 사람만의 독특하고 일관된 방식으로 나오는 게 바로 말이라고 표현하죠. 그 생각에 많이 공감합니다. 커뮤니케이션에 관해 도움이 많이 되는 책입니다!

_ de******

먼저 읽은 독자들의 추천!   **7**

저는 책을 읽으며 필사를 합니다. 이 책은 곱씹어야 할 내용이 너무 많아 도서관에서 빌렸다가 결국 구매해서 보고 있습니다. 깊은 반성과 깨달음을 한가득 채워준 김윤나 작가님에게 박수와 감사의 말을 전하고 싶습니다. 손때가 묻어 낡을 때까지 함께할 수 있는 책입니다! 올해 저의 베스트 도서로 뽑고 싶습니다.

_ jy*****

이 책을 보며 나도 다른 사람에게 겉모습이 아닌 내면의 따스함이 느껴지는 사람이 되고 싶다고 생각하게 되었습니다. 꾸며진 겉모습이 아닌 내면의 따뜻함을 만들고 싶은 사람이라면 꼭 읽어보길 바랍니다.

_ 2*******e

너무 유익했던 책입니다. 저는 어릴 적 말에 대해 제대로 배우지 못했습니다. 그 아쉬움에 이 책을 읽었고, 너무 좋아서 자녀에게 선물로 주었죠. 관계 속에서 말을 제대로 사용하는 법에 대해 바르고 정직하게 배운 느낌입니다. 사람은 사람과 함께 살아갈 수밖에 없습니다. 그렇기에 어떤 말을 사용해야 하는지 알아야 하죠. 이 책은 그 방법을 알려 줍니다. 말의 무게와 가치에 대한 큰 울림을 주는 책입니다.

_ q*********1

10년 차 직장인입니다. 회사 생활에서 어떻게 하면 좋은 선배, 동료, 후배가 될 수 있을지 고민이 많습니다. 이 책에서는 경청하는 법부터 비롯된 말하는 법이 잘 설명되어 있네요. 게다가 평소 롤모델로 삼고 싶은 선배님이 있는데, 마치 그 선배님이 될 수 있는 가이드를 보고 있는 것 같아 저에겐 필독서가 되었습니다.

_ sm******

결론부터 말씀드리자면, 책 내용이 너무 좋네요. 여러 번 반복해서 읽으면 이전과는 달라진 내가 될 수 있을 것 같은 강한 확신이 듭니다. 또한 자기 자신을 되돌아볼 수 있는 책으로 심리, 언어, 자기 계발 등 다양한 분야를 깨달을 수 있는 최고의 책입니다.

_ pi******

저의 툭툭 내뱉는 말 습관이 내면의 그릇이 작아서 생긴 습관이었다는 걸 알게 된 책입니다. 어떻게 하면 그릇을 넓힐 수 있는지 다양한 사례와 작가님의 따스한 조언이 담긴 소중한 책입니다. 저만 보고 싶지만 이미 유명한지라, 안 읽으시면 후회할 것 같아요.

_ s*********m

'나의 말 그릇은 어떠한가?', '말 그릇을 어떻게 다듬을 수 있지?' 이런 본질적인 것들에 대해 생각해 볼 수 있는 좋은 책입니다. 무엇보다 말을 잘하기 위한 기술을 아는 것보다 더 중요한 것은 나의 말과 상대방의 말을 담는 그릇 자체의 크기를 키워야 한다는 점을 알려줍니다. 말 그릇이 나의 또 다른 분신임을 깨닫게 해줍니다. 모든 사람이 필수적으로 읽었으면 좋겠습니다.

_ gm******

말이란 정말 생각 없이 말해서는 안 된다는 걸 다시 한번 알았습니다. 특히 말주변이 없는 분, 무슨 말만 하면 남들이 오해하는 분들은 한 번씩은 읽어보시면 좋을 것 같습니다. 저 역시 말을 잘한다고 생각했는데 저 혼자만의 착각인 듯합니다. 책을 읽으며 반성하는 시간을 가졌습니다. 이 책을 강추합니다!

_ kim*****

오늘도 말로 상처받고 말로 상처 주는 당신에게

제 삶에 가장 큰 영향력을 남긴 말은 무엇일까 생각해 보면, 7살의 어느 가을날 새벽이 떠오릅니다. 큰 소리에 잠을 깬 제 눈앞에 보이는 건 몸싸움을 하고 있는 부모님이었습니다. 두 어른은 어떻게 하면 서로를 더 아프게 할 수 있을지에만 몰두했고, 어린 저는 돌처럼 굳어서 그 광경을 바라볼 수밖에 없었죠.

"너 엄마랑 살 거야 아빠랑 살 거야, 결정해!"

부모님의 그 한마디는 제 인생의 많은 부분을 바꾸었습니다. 가정이 해체되었고 저는 엄마 없는 아이라고 불렸습니다. 신용불량자 가족이 되어 친척 집을 전전해야 했죠. 늘 술에 취해 있는 아빠와 하루걸러 싸우면서도 같이 울어야 했습니다. 왜 태어났는지, 왜 살아가야 하는지 존재감을 의심하게 되었고, 나라는 사람의 쓸모를 증명하기 위해 애를 써야 했습니다. 소속감을 원하면서도 타인과 너무 가까워지면 불안감을 느끼게 되었습니다.

그중에서도 저를 가장 절망적이게 만든 건, 가장 가까운 사람들에게 의지할 곳이 되어 주지 못했다는 겁니다. 상처되는 말을 하거나, 사람들의 상처를 외면하며 아프게 했습니다. 그때의 저는 제 고통을 제대로 말하는 방법을 몰랐습니다. 제 말만 하느라 상대가 무슨 말을 하고 싶어 하는지 알지 못했지요. 말 때문에 상처받고 상처를 주면서도 뭔가 다르게 행동하려 애쓰지 않았습니다. 지금도 그 사실에 가슴이 먹먹해집니다.

'왜 우리는 고통 속에서 타인을 비난하게 되는 걸까?'
'가까운 사람들에게 말을 아프게 휘두르는 까닭은 뭘까?'
'내 말이 안전해지려면 무엇이 달라져야 할까?'
'누군가를 진심으로 위로할 수 있는 말이란 무엇일까?'

이 질문들은 제 삶에 던져진 숙제였습니다. 동시에 남은 인생을 다르게 만들어 갈 수 있는 출구이기도 했죠.

먼 길을 돌고 돌아 찾은 해답은 '나'로부터 다시 시작해야 한다는 것이었습니다. 마음이 달라지면 말이 달라지고, 그로 인해 관계가 긍정적으로 변화하고, 결정적으로 인생이 변합니다. 저는 이전과 다르게 세상을 바라보며 대화하는 방법을 바꾸기 시작했습니다. 비난하지 않으며, 타인의 말을 곡해하지 않았습니다. 말에서 자유로워지니 인간관계가 수월해졌으며, 무엇보다 자기 자신과 편안한 관계를 맺을 수 있었습니다.《말 그릇》은 이러한 제 이야기를 솔직하게 담은, 인생의 어두운 터널을 지나는 동안 체득한 저의 성장의 기록이자 결과물입니다.

2007년《말 그릇》이 출간된 이후, 많은 강연을 다녔고 다수의 사람을 1:1 코칭했습니다. 덕분에 책에 대한 독자들의 감상을 직접 들을 기회가 많았죠. 다양한 후기 중에서도 "《말 그릇》이 제게 위로가 되어 주었어요."라는 문장이 가장 가슴에 와닿습니다. 책에서 자신의 이야기를, 말 때문에 아프고 후회했던 마음을 마주하게 된 것이겠지요. 그리고 스스로를 더 이해하게 되었을 겁니다. 결국 사람은 관심과 이해가 필요한 존재임을 새삼 깨닫게 되었을 것이라 믿고요.

'사람들이 말을 더 건강하게 했으면 좋겠다'라는 바람을 가지고《말 그릇》을 집필했습니다. '말'에서부터 시작했지만, 이 책은 결국 '마음'에 관한 이야기입니다. 말 때문에 상처받은 아픈 마음, 말로 상처 주고 후회하는 마음에 관한 이야기가 이 책 속에 담겨 있습니다. 그 안에서 당신은 자기 자신을 되돌아보고, 받아들이게 되는 특별한 경험을 하게 될 것입니다.

말과 마음에 관한 이야기가 이렇게 오래도록 이어질 수 있었던 것은 모두 독자들 덕분입니다. 어제보다 넉넉한 말 그릇을 만들어 사람을 대하고 싶다는 독자들의 진심이 있었기에 50만 부 기념 리커버 에디션까지 가능했습니다. 진심으로 감사합니다.

우리는 매일 말합니다. 이 책을 통해 많은 사람이 부디 말 앞에서 겸손하고 지혜로워질 수 있었으면 좋겠습니다. 당신의 마음에 자신을 지킬 수 있는 공간이 들어서기를, 또한 타인을 배려할 수 있는 실력이 채워지기를 바랍니다. 또 그 과정에서 이 책이 오래오래 당신 곁에 머물 수 있다면 기쁘겠습니다.

앞으로도 말 때문에 쓸쓸해지는 순간, 다정하고 단단한 위로를 건네는 당신의 친구가 되고 싶습니다.

50만 부 판매를 기념하며 **김 윤 나**

'말'이 주는 상처가 가장 아프다

"왜 말을 저렇게 하지?"

무조건 윽박지르는 상사나 솔직함을 핑계로 가슴에 비수를 꽂는 친구, 유독 아픈 말만 골라 하는 가족에게 '꼭 그렇게 말해야 하냐'고 따지고 싶을 때가 있다. 물론 당신도 지금껏 몇 번이나 말로써 사랑하는 이의 마음을 무너뜨리고 아끼는 사람들을 밀어냈을지 모른다. 어쩌면 어제 저녁에도 마음과 다른 말을 툭 내뱉고 돌아서면서 '너무 심했나….' 하고 후회했을지도.

그렇게 우리는 어른이 되어서도 여전히 '말'에 서툴다.

무심코 던진 말이라도 일단 입 밖으로 나온 말은 사람의 마음에 파장을 일으킨다. '그렇게 할 거면 그만두라'는 상사의 말에 밤잠을 설치고, '해낼 거라고 믿는다'는 한마디에 힘이 나서 두 팔을 걷어 붙인다. 말은 사람을 들었다 놨다 할 만큼 힘이 세다. 게다가 수명은 어찌나 긴지. 주름이 자글자글한 노인이 어린 시절 들었던 격려의 말을 추억하며 눈물을 흘리거나 장성한 아들딸을 둔 가장이 '그때 왜 내게 그런 말을 했냐'며 오래전 상처를 곱씹는 모습을 볼 때면 말의 질긴 생명력을 실감하곤 한다.

안타까운 것은 말 때문에 자책하거나 타인을 원망하면서도 여전히 자신의 잘못된 말 습관을 그냥 내버려 둔다는 데 있다. '내가 그렇지 뭘.', '언젠가는 내 마음을 알아줄 거야.' 이런 생각을 하며 애써 덮어둔다. 그러다가 빈번한 말실수 때문에 소중한 관계가 어그러지거나 직장에서 리더의 위치에 올랐을 때 혹은 부모가 되어서 아이를 이끌어야 할 때가 되면 그때야 말 잘하는 방법을 찾는다. 좋은 시도이기는 하지만 단기속성 기술은 정작 중요한 순간에 무용지물이 되기 쉽다.

후배들을 격려해야 한다는 것은 알지만 성에 차지 않는 보고서를 볼 때마다 화가 치밀어 오르니 일단 내뱉고 본다. 아이를 존중하는 대화법을 배우기는 했지만 길에서 떼를 쓰며 버둥거리는 아이 앞에서는 버럭 성질대로 말하게 된다. 새롭게 익힌 듣기 좋은 말은 길들여진 나의 언어를 넘어서지 못하기 때문에 결정적 순간에 힘을 잃는다.

그래서 '이제 다르게 말해보자.' 했던 모처럼의 결심은 물거품이 되고 만다. 10여 년 동안 커뮤니케이션 전문가로 활동해오면서 사람의 말 한마디를 바꾸는 게 생각보다 어렵다는 것을 깨달았다. '말'이란 것은 기술이 아니라 매일매일 쌓아올려진 습관에 가깝기 때문이다. 살면서 보고, 듣고, 느낀 모든 것들이 뒤섞이고 숙성돼서 그 사람만의 독특하고 일관된 방식으로 나오는 게 바로 말이다. 그렇게 만들어진 언어는 그 사람의 내면과 닮아 있다. 그렇기 때문에 무작정 말 잘하는 '기술'만 익혀서는 자신만의 새로운 말 습관을 기를 수 없다.

지금까지와는 다른 말 습관을 지니고 싶다면, 말 그 자체에만 집중할 게 아니라 그 이면에 있는 나를 함께 들여다봐야 한다. 그럴 듯하게 말하려고 노력하는 대신 말을 만들어내는 저 깊은 곳, 말의 근원지인 자신의 내면을 알기 위한 노력이 필요하다.

혹시 유독 참지 못하는 말투가 있는가. 유독 가슴 아프게 다가오는 말이 있는가. 언어와 말투에 영향을 끼치는 심리적인 구조를 알고 나면 내가 왜 그런 말투를 사용하게 됐는지, 왜 특정한 말에 대해 예민하게 받아들이는지 알 수 있게 되고 비로소 자신의 말을 제대로 다룰 수 있게 된다.

습관적으로 팀원들을 비난하는 상사가 있다고 해보자. 칭찬 기술을 달달 외운다고 그의 '말'이 바뀔까. 그보다는 자신의 내면의 특성, 말하자면 감정을 느끼는 방식이나 사람들을 바라보는 관점, 자라온 환경 등에 관심을 기울여야 한다. 그래야 어쩌다 지금 같은 말하기 패턴을 가지게 되었는지, 그래서 앞으로 무엇을 변화시켜야 하는지 알 수 있게 된다. 그리고 나는 이 모든 변화의 과정을 '말 그릇을 키우는 과정'이라고 표현하고 싶다.

사람들은 저마다 말을 담는 그릇을 하나씩 가지고 있다. 그런데 그 크기에 따라서 말의 수준과 관계의 깊이가 달라진다. 일명 말 그릇이 큰 사람들은 누군가를 현혹시키고 이용하기 위해 혹은 남들보다 돋보이기 위해 말을 사용하지 않는다. 그보다는 타인과 소통하기 위해, 갈등을 극복하고 사람을 이해하기 위한 말을 사용한다. 너와 나의 차이를 자연스럽게 받아들이고 소통이 어려운 상황에서도 사람들과 대화를 지속할 수 있는 방법을 찾는다.

사람은 누구나 인정과 공감을 갈망한다. 성공과 욕망을 쫓다가도 결국에는 쉴 수 있는 품을 그리워하게 마련이다. 사람의 마음이란 목표를 달성하지 못했을 때도 비난 대신 그동안의 노력을 알아주길 바라고, 실수했을 때에도 다시 용기를 낼 수 있도록 기다려주기를 바라고, 어려운 도전 앞에서 나의 능력을 의심하기보다 가능성을 믿고 응원해주기를 바란다. 따라서 그러한 욕구를 제대로 이해하고 있는 사람, 즉 말 그릇이 큰 사람 주변에는 자연히 사람들이 모여들게 마련이다.

이 책에서 다루고 있는 것은 단순히 말 잘하는 법을 넘어선다. 말 그릇의 의미에 대해 생각해보고 어떻게 하면 나의 말 그릇을 보다 단단하고 깊이 있게 만들 수 있는지 알려준다. 그리고 그 과정은 결국 나를 이해하고 사람을 이해하는 힘을 기르는 법과 맞닿아 있다.

이 책은 총 다섯 개의 파트로 구성되어 있다. 1부에서는 말 그릇의 의미에 대해 알아보고 2부에서는 말 그릇을 키우기 위해 살펴봐야 할 개인의 감정과 공식, 습관을 알아본다. 이 과정을 차근차근 따라가다 보면 나의 무엇이 말의 성장을 방해하고 있었는지 발견하게 된다.

3부와 4부에서는 말 그릇이 큰 사람들이 사용하는 대표적인 '대화 기술'을 소개한다. 마음을 표현하는 가장 직접적인 방법이 말이고, 억울하게도 그 말하는 기술이 매끄럽지 않으면 마음의 길도 막히기 십상이다. 특히 이 파트에서는 '대화 기술' 중에서도 가장 기본적이고 중요한 '듣기'와 '질문하기'에 대해서 알아본다. 그것을 통해서 말을 많이 하지 않고도 상대방을 대화로 끌어들이는 기술을 연습해본다. 마지막 5부에서는 사람을 이해한다는 것의 의미에 대해 생각해보고, '나는 과연 말의 책임을 감당할 수 있는 사람인가' 성찰해보고, 관계에서 차이를 극복하기 위해 무엇을 더 고려해야 하는지 알아본다.

말은 당신을 드러낸다. 필요한 말을 제때 하고, 후회할 말을 덜 하고 살았으면 좋겠다. 말 때문에 사람을 잃어버리지 않았으면 좋겠다. 말로 한 명이라도 더 살리고 키워낼 수 있으면 좋겠다. 당신의 말은 당신이 없는 순간에도 사람들의 마음속을 떠다닌다. 그러니 진정한 말의 주인으로 살아가기를. 무엇보다도 당신의 일상이 말 때문에 외로워지지 않기를 진심으로 바란다.

차례

Part 1 말 때문에 외로워지는 사람들

Part 2 내면의 말 그릇 다듬기

감 정 에   대 하 여

Part 3 말 그릇을 키우는 '듣기'의 기술

Part 4 말 그릇이 깊어지는 '말하기' 기술

Part 5 사람 사이에 '말'이 있다

말 때문에 외로워지는 사람들

Part 1

당신의 '말'은
당신을 닮았다

"진심으로 충고할게. 너 그렇게 살지 마."

"… 내가 문제라는 것은 알고 있어."

"아무리 힘들어도 정신만 차리면 다 이겨낼 수 있는 거야."

"그야 머리로는 알고 있지…."

"아니! 넌 아직도 정신 못 차렸어."

"너까지 그렇게 말하면 어떡해?"

"나니까 이렇게 말하는 거야."

어렵게 고민을 털어놓았는데 친구가 이런 반응을 보인다면 어떨까. 가만히 따져보면 다 맞는 말이다. 하지만 이상하게 들으면

들을수록 기분이 상한다. '괜히 말을 꺼냈다'는 생각만 든다. 저런 식의 대화패턴이 몇 번 더 반복되면 아마 저 친구에게는 두 번 다시 고민을 꺼내놓지 않게 될 것이다.

아무리 '너를 위한 말'이라고 번지르르하게 포장해도 알맹이는 '네가 문제다', '네가 나약하다'는 뜻을 담고 있기 때문이다. 게다가 '내 고민'을 듣고 싶은 마음보다 이 기회를 통해 '가르치고 충고하고 싶은 마음'이 더 강하게 느껴진다.

직장에서도 마찬가지다. 평소 강압적이고 비난하는 식의 말을 즐겨 사용하는 상사라면 종종 다음과 같은 대화를 이어나갈 것이다.

"일을 이렇게밖에 못하나? 몇 번을 말해야 알아듣겠어!"

"죄송합니다. 하지만 제 생각에는…."

"됐고! 자네가 해봤어? 다 이유가 있어서 그러는 거 아니야."

"그렇지만…."

"앞으로는 그냥 시키는 일만 잘해."

"…."

이런 말하기를 즐겨 하는 사람들은 지위가 높아질수록 고집스러워진다. 일방통행하는 말 습관 때문에 사람들이 피한다는 것을 본인만 모르고 점점 고립된다. 이런 식의 '나는 옳고 너는 틀렸다'는 비난하기는 가까운 사람들과의 관계에서 더욱 드러난다. 특히 부부 관계에서 자주 찾아볼 수 있다.

"당신과 결혼한 내가 미쳤지!"

"무슨 말을 그렇게 해?"

"당신이 가족을 위해 하는 게 뭐 있어? 기껏 직장 다니는 거?"

"내가 놀아? 처자식 먹여 살린다고 애쓰는 거 안 보여?"

"그 노력은 당신만 해? 누구나 당연히 하는 거지!"

"됐어. 그만하자, 그만해!"

갈등에 처했을 때 상대방의 결점과 한계를 찾아내고 당장 자신의 감정을 해소하는 데 집중하는 사람들은 대화를 하면 할수록 상대방의 취약점과 죄책감을 귀신같이 건드리기 때문에 말이 길어질수록 상황은 더욱더 나빠진다. 그리고 이런 식의 말 습관은 아이와의 관계에서도 고스란히 재현된다.

"공부를 열심히 했어봐라, 도대체 누굴 닮아 그러니."

"공부 얘기 좀 그만해!"

"나 위해서 그러니? 다 너 잘되라고 그러는 거지!"

"엄마는 공부 잘하는 것만 중요해? 난 아무것도 아니냐고!"

"네가 아직 어려서 그래. 나중에 크면….

"아, 몰라, 됐어. 엄마랑은 대화가 안 돼!"

편하고 가까운 관계일수록 '말의 경계'는 무너지기 쉽다. 감정과 말을 다듬어야 할 필요성을 별로 못 느끼기 때문에 여과 없이 말을 던지게 된다. 하지만 안타깝게도 이러한 관계 속에서 생긴 말의 상처야말로 가장 깊은 상처를 남긴다. 정작 그 말을 내뱉었던 사람은 금세 잊어버리고 돌아서지만, 그 말을 들었던 사람은 시간이 흘러서도 잊지 못한다. 그 한마디가 그의 인생에 깊이 뿌리를 내리고 오래도록 흔적을 남긴다. 그래서 어릴 때 부모님의 날카롭고 무심한 말에 아파했던 사람일수록 오히려 자신의 아이에게 그 패턴을 반복할 확률이 높다.

혹시 이 글을 읽으면서 불현듯 떠오르는 한 사람이 있는가?
아니면 혹시 지금 이 글을 읽고 있는 당신이 이런 사람들 중 한 명인가?

말 때문에 관계가 어그러지고 자존감에 상처를 입으면서도 어디서부터 바꿔나가야 할지 몰랐다면, 일단 당신이 평소 쓰고 있는 '말'을 찬찬히 들여다보는 것부터 시작해야 한다.

당신이 '그 말'을
사용하는 이유

"도대체 사람들은 왜 그렇게밖에 말을 못하는 거죠!"

"그 사람과는 말이 안 통해요!"

"말해놓고 후회할 때가 많아요… 어떡하죠?"

"어떻게 하면 사람들과 잘 지낼 수 있을까요?"

"상처받지 않으려면 어떻게 해야 하나요?"

직업 특성상 말 때문에 힘들어하는 사람들을 자주 만나게 된다. 누군가에게 화가 나 있는 사람도 있고, 외로움을 호소하는 이도 있고, 같은 자리를 맴돌며 달라지지 않는 자신을 원망하는 사람도 있다. 차라리 혼자가 편하다며 안쓰러운 심정을 쏟아내는 사람들까지, 짊어지고 있는 '말'의 무게와 상처는 그들만큼이나 다양하다.

그런데 왜 우리는 수없이 상처를 받으면서도 또다시 사람들에게 다가가서 말을 나누고자 하는 것일까? 왜 포기하지 않는 것일까? 바로 관계 안에서 안정감과 소속감을 느끼고 인정과 사랑을 확인하며 위로와 용기를 채우고 싶기 때문이다. 그것이 인간의 본능이기 때문이다. 대화의 주제는 달라도 그 마음만큼은 조금도 다르지 않다.

하지만 요즘에는 말하기를 '주도권'이라고 생각하는 사람들이 많아졌다. 말을 권력으로 여기면 곧 그것으로 사람을 통제하고 싶은 유혹에 빠지게 된다. 가르치고, 바꾸고, 조정하고, 원하는 방향으로 이끌고 싶은 욕심 때문에 말 안에 사람을 담지 못한다. 후배의 아픔을 돌보기보다는 정신 차리게 하는 목적으로, 아이의 사정을 알아주는 것보다는 잘못을 다그치는 수단으로, 친구의 고민을 보듬어주기보다는 한 수 가르쳐주려는 도구로 말을 사용하면 결국 사람은 다 떠나고 당신의 말만 초라하게 남는다.

관계는 '통제의 언어'로 지속되지 않는다. 사람에게는 자신의 고유성을 확인하고 싶은 욕구가 있기 때문에 그것을 억지로 바꾸려 들거나 강요하면 관계는 끊어진다. 세련된 말솜씨로 얼마

동안은 자신의 의중을 숨길 수도 있지만 말로 주도권을 잡고자 하는 욕망은 어느 순간 상대방에게 고스란히 전해진다.

사람과 사람을 이어주는 말은 '통제의 말'이 아니다.

"그래, 힘들었겠다. 고생했어."

"그럴 수도 있구나."

"내가 무엇을 도와주면 좋을까?"

이처럼 공감하고 존중하며 건강하게 자극하는 말에서 관계가 싹튼다.

잠깐 떠올려보자.

지금 당신은 어떤 말을 사용하고 있는가?

통제를 위한 말인가, 소통을 위한 말인가?

진심이라는
함정

가까운 이들과의 불통 때문에 힘들어 하는 사람들에게는 또 다른 특징이 있다. 너무 자주 '진심'이라는 찬스를 꺼내든다는 점이다. 물론 그 말에는 "이렇게밖에 표현 못하지만 '너와 나 사이니까' 오해하지 말고 본심을 봐 달라"는 뜻도 담겨 있다. 그러나 안타깝게도 진심이라는 말은 사용하면 사용할수록 그 진정성이 사라진다.

지나치게 진심만을 강조하는 사람은 '직속 후배니까', '가족이니까', '알고 지낸지가 몇 년인데'라는 말을 하면서 갈수록 많은 양해를 구한다. 정말 진심을 전달하려는 노력 대신 "내 맘 알지?"라는 말로 자신의 마음을 뭉뚱그린다. 그러는 사이 상대는 진심에 걸맞는 '진짜와 가짜'를 가늠하느라 진이 빠지고 만다. 오랜 시간 이해와 오해, 아쉬움과 서운함을 반복하다가 어느 순간 더 이상 버티지 못하고 '그만할래!' 하면서 펑 터지고 만다. 부부사이, 부모자식 사이, 둘도 없는 친구사이가 그 위태로운 진심의 끝에 매달려 서먹해지는 경우를 나는 많이 지켜봤다.

깨끗하게 정수된 물이라도 수도관이 녹슬어 있다면, 수도꼭지로 녹슨 물이 쏟아진다. 받는 사람은 보낸 사람의 속도 모르고 '이게 뭐야! 나한테 왜 이래!' 하며 속상해하고, 보낸 사람은 그 사람대로 '나도 최선을 다했어. 왜 이렇게 내 마음을 몰라주니.' 하며 서운해한다. 그야말로 둘 다 억울한 일이다.

세상에는 세 가지 종류의 '연결(connection)'이 있다. 바로 나 자신과의 연결, 타인과의 연결, 세상과의 연결이다. 이것은 모두 이어져 있고, 각각 서로에게 영향을 미친다. 말은, 자신이 그 세 부분과 어떤 방식으로 상호작용하는지를 보여주는 가장 확실한 도구다. 즉 말을 통해 사람들은, 그 말을 사용하는 사람이 스스로를 어떻게 생각하고 있는지, 다른 사람과 어떤 식으로 관계를 맺고 있는지, 어떻게 세상을 바라보고 있는지 짐작할 수 있게 된다.

따라서 말이 제 값을 다하지 못하면 자신에게 만족하기 힘들어지고, 누군가에게 좋은 선배나 부모, 친구가 되기도 어려워진다.

물론 세상을 넓은 시각에서 바라보고 담아내기도 버거워진다.

이것이 우리가 '내가 쓰는 말'을 살피고 돌아보고 관리해야 하는 이유다. 지금부터라도 당신의 말을 결코 외롭게 내버려둬서는 안 된다. 당신의 진심이 길가에 버려지지 않으려면 말이 당신을 잘 따라 오고 있는지, 어디서 멈추어 있거나 방황하고 있지는 않는지 살펴야 한다.

말그릇이
큰사람

"열다섯 살짜리 소녀가 지금 당장 결혼하고 싶어 한다면 당신은 그녀에게 어떤 말을 해주고 싶은가?"

위의 문장을 읽고 잠시 생각해보자. 당신이라면 소녀에게 어떤 말을 해주고 싶은가? 그녀가 당신의 아이거나 제자라면 어떤 말을 해줄 것인가?

이 질문은 1980년대 초반 '베를린 지혜 프로젝트(Berlin Wisdom Project)'라는 흥미로운 실험에 처음 등장했다. 연구원들은 '지혜로운 사람에게는 어떤 특징이 있을까?'를 알아보기 위해 실험에 참가한 사람들에게 위와 똑같은 질문을 던졌고 곧이어 대답이 크게 둘로 나뉜다는 것을 발견했다.

"안 돼. 안 돼. 열다섯 살에 결혼이라니, 미친 짓이지."

"쉬운 질문처럼 보이지만 사실 쉽지 않아. 열다섯 살에 결혼하는 건 누구나 반대할 거야. 하지만 특수한 경우라는 게 있으니까. 예를 들어 그녀에게 살날이 얼마 남지 않았다면? 아니면 부모 친척 없이 이 세상에 홀로 남겨졌다면? 혹은 일찍 결혼하는 문화권에 사는 소녀일 수도 있지. 무엇보다 우리는 충고하기 전에 먼저 그녀와 대화를 나눠봐야 해. 그래서 그녀의 상황과 감정과 마음에 대해 알아봐야 해."

이 연구는 『무엇이 그들을 지혜롭게 했을까』라는 책에 수록되어 있다. 도저히 이해할 수 없는 상황이나 상식적으로 받아들일 수 없는 사건 앞에서도 감정을 다스릴 줄 아는 것. 고정된 관점을 고집하는 대신 상황의 맥락을 이해하고, 유연한 태도를 보일 줄 아는 것 등이 바로 현명한 사람의 특징이라고 이 책은 설명한다.

그리고 나는 이런 사람들, 다양성을 고려하며 유연하게 반응하는 사람들을 일컬어 '말 그릇이 큰 사람'이라고 부른다. 말을 담아내는 그릇이 넉넉한 사람 말이다. 그릇이 좁고 얕은 사람은 생각나는 대로, 말하고 싶은 대로 말을 쏟아내지만 그릇이 넓고 깊은 사람은 상황과 사람, 심지어 그 상황과 사람을 바라보는 자신의 입장까지 고려해서 말한다. 이것은 단순한 말 기술의 차이가 아니다. 살면서 만들어진 말 그릇의 차이 때문이다.

말은 한 사람의 인격이자 됨됨이라고 한다. 말을 들으면 그 말이 탄생한 곳, 말이 살아온 역사, 말의 나이를 짐작할 수 있다. 말은 한 사람이 가꾸어 온 내면의 깊이를 드러내기 때문에 말 그릇을 키우기 위해서는 먼저 내면이 성장해야 한다.

작은 말 그릇 vs 큰 말 그릇

- 말을 담을 공간이 없다.
- 말이 쉽게 흘러넘친다.
- 불필요한 말을 많이 한다.

- 많은 말을 담을 수 있다.
- 담은 말이 쉽게 새어나가지 않는다.
- 필요한 말을 골라낼 수 있다.

사람은 자신의 품만큼 말을 채운다. 말 그릇이 큰 사람들은 공간이 충분해서 다른 사람의 말을 끝까지 듣고 받아들인다. 조급하거나 야박하게 굴지 않아도 되기 때문에 '그게 아니라', '너는 모르겠지만', '내 말 좀 들어봐.' 하며 상대의 말을 자르고 껴들지 않는다. 오히려 '그랬구나.', '더 말해봐.', '네 생각은 어때.'라고 하면서 상대방의 입을 더 열게 만든다.

말하기 실력이 부족해서 무조건 듣기만 하는 게 아니다. '그래, 너는 떠들어라.' 식의 무시하기도 아니다. 사람마다 가지고 있는 '다름'과 '특별함'을 이해하고 있기에, 말 자체를 평가하거나 상대방의 말하기 실력을 비난하지 않는 것이다. 그리고 그것이 상대방의 불안함을 낮추고 마음을 열게 만든다. 그래서 사람들은 말 그릇이 큰 사람과 대화할 때 편안함을 느낀다.

이런 사람들은 말 때문에 쉽게 흔들리지 않는다. 말과 사람을 분리해서 바라볼 수 있기 때문에 상대방이 아무리 날카로운 말로 자신의 마음을 쑤셔대도 그것 때문에 진정한 자신의 모습을 의심하지 않는다. '네가 나를 비난하거나 원망한다고 해서 내가 다른 사람이 되는 것은 아니지.', '너는 말로써 내 모습에 상처를 낼 수 없어.'라고 생각한다. 말과 진심을 일치시키려고 노력하지만, 궁극적으로 말은 수단이지 본질은 아니라는 것을 알고 있다. 그래서 타인의 분노에 휩쓸려 대항하지도 않고, 설령 말에 넘어지는 순간이 오더라도 순간의 감정을 조절할 줄 안다. 상대방에게 쉽게 충고하지도 않는다. 감정을 폭발시키는 대신 말보다 더 중요한 것들, 그 말 속에 숨어 있는 상대방의 감정과 배경과 메시지들을 찾아낸다. 마음속에 채워진 말들이 서로 충돌하지 않고 구역별로 정리가 잘되어 있기 때문에 작은 일에 바르르 끓어 넘치지 않는다.

한 번 들어온 말들을 쉽게 흘리지도 않는다. '이건 비밀인데 말이야.', '아무한테도 말하지 마.', '너만 알고 있어'와 같은 가벼운 약속은 하지 않는다. 말해야 할 것과 하지 말아야 할 것을 제대로 알고 있다.

그러나 분명하게 말해야 할 상황에서는 물러서지 않는다. 정갈하고 정확하게 자신의 메시지를 전달한다. 딱 필요한 순간에, 꽉 찬 말이 나온다. 그것은 세련된 말과는 다르다. 기교가 아니라 기세에 가깝다. 약간 촌스러울지 몰라도 결코 경박하지 않고, 화려하지 않아도 안정되어 있다. 그러니 자연스레 귀를 기울이게 된다. '끌리는 말'이란 바로 이런 것이다.

반대로 말 그릇이 작은 사람들은 조급하고 틈이 없어서 다른 사람들의 말을 차분하게 듣질 못한다. 자신이 하고 싶은 말로만 말 그릇을 꽉 채운다. 상대방의 말을 가로채고, 과장된 말을 사용하고, 두루뭉술한 말 속에 의중을 숨긴다. 그래서 화려하고 세련된 말솜씨에 끌렸던 사람들도 대화가 길어질수록 공허함을 느끼며 돌아선다.

특히 말 그릇이 작은 사람들은 평가하고 비난하기를 습관처럼 사용한다. '객관적으로 말이야.', '다 그렇게 생각해'와 같은 말로 자신의 의견을 포장하지만 사실 '옳고 그름의 기준'을 언제나 자신에게 둔다.

그러면서도 스스로에 대한 평가와 비난은 참아내질 못한다. 몇 자 듣지도 못하고 '그만 좀 해, 나도 힘들어.', '너 때문에 그런 거야'와 같은 말로 다시 남 탓을 하면서 책임을 피하려 든다. 상대방의 말에 쉽게 출렁이고 넘치기 때문에 타인의 감정을 보듬어주지 못할 뿐더러 지레 겁을 먹고 물러나거나 때론 먼저 상처를 준다. 오로지 자신의 감정, 상황, 입장만 설명하고 이해 받으려고 한다.

상대방의 말 속에서 '본심'을 찾으려는 노력은 하질 않는다. 사람을 위해 말하기보다 말을 하기 위해 사람을 불러 모을 뿐이다.

말에 힘이 없으니 힘이 생길 때까지 생떼를 쓴다. 말이 격해지고 감정을 주체하지 못하는 일도 자주 생긴다. 그러니 아무리 좋은 의도로 시작된 대화라고 해도 실제로 마음에 와 닿는 말은 적을 수밖에 없다.

그러면서도 이것을 '내가 말주변이 없어서', '상대방이 내 마음을 몰라줘서'라고 생각한다. 말 그릇이 부족한 거라고는 생각하지 못한다.

듣고 싶은 말을
해줄 수 있다면

살면서 우리는 다양한 크기의 말 그릇을 지닌 사람들을 만난다.

"회사 다니는 게 힘들어요. 제 적성에 맞는지도 모르겠고요. 요즘 같으면 딱 그만두고 싶은데 할 수 있는 일이 이것밖에 없으니 그만두기도 겁이 나요."

예전의 내가 이런 고민을 털어놓았을 때 돌아오는 말들은 너무도 다양했다.

누군가는 "배부른 소리 하고 있네. 야! 나는 이것보다 더 했어. 적성은 무슨, 먹고 살려고 하는 거지. 요즘 애들은 아주 배가 불렀다니까." 하고 빈정거렸다. 또 누군가는 "쓸데없는 소리 하지 말고 3년만 더 버텨. 내 말 들어, 후회 안 할 테니!"라며 더 이상 말도 꺼낼 수 없게 만들었다. 하지만 내 마음을 두드린 말은 "그래, 적성에 안 맞아서 일할 맛이 안 났겠구나. 힘들었겠어"라는 공감의 말이었다. 그 말 속에는 편견이 없었다. 내 마음을 알아주니 자연스럽게 더 깊은 얘기를 할 용기가 생겼다.

이런 상황은 언제나 반복된다.

"둘째를 가져야 할지 고민이에요. 더 낳자니 일과 병행할 자신이 없고, 하나만 키우자니 첫째가 외로울까봐 걱정되고."

이때도 돌아오는 대답은 천차만별이다.

"그냥 하나만 키워. 뭐하려고 둘씩이나 낳아. 일하는 엄마에게 둘은 힘들어. 아주 죽어난다고!"
"에이, 무조건 둘이지. 혼자는 안 돼. 내가 해봐서 알아. 당장은 힘들어도 둘 키우면 나중에 더 좋아. 더 늦기 전에 얼른 낳아!"

하지만 이렇게 말해준 사람도 있었다.

"그런데도 둘째를 쉽게 포기하지 못하는 이유는 뭐야?"

정해진 대답 대신 오히려 내게 질문을 던졌다. 먼저 가본 길인데도 아는 척하며 나서지 않고 스스로 생각을 정리할 수 있게 도와주었다.

사람들은 딱 자신의 경험만큼 조언해준다. 도와주고자 하는 마음은 진심이지만 그것은 사실 그들의 말일 때가 많다. 상대방의 마음속에 숨겨져 있는 대답을 함께 찾아보는 대신 스스로 옳다고 생각하는 자신의 말을 해주고 싶어 하는 것이다.

그러나 사람의 마음은, 나의 안쪽 어딘가에서 떠돌고 있는 말을 할 수 있도록 기다려주는 사람을 만났을 때 열리게 된다. 인생의 중요한 선택을 스스로 검토할 수 있도록 자리를 만들어준 사람, 자연스럽게 깨닫게 될 때까지 따뜻하고 세밀한 기술로 배려해준 사람을 만났을 때 힘을 얻는다.

커피 받침에는 고깃국을 담을 수 없다. 깊이가 없는 그릇 안에 진한 맛을 내는 말을 담아두기는 어렵다. '말솜씨'는 여전히 탐나는 능력이지만, 나이가 들고 관계가 복잡해질수록 우리에게 필요한 것은 깊이 있는 말이지 듣기 좋은 말이 아니다. 말로 영향력을 끼치려고 하기 전에, 말 그릇 속에 사람을 담는 법을 배워야 한다.

저절로 좋아지는 것은
아무것도 없다

　누구에게나 부끄러운 말의 민낯이 존재한다. 필요 이상으로
공격적인 말, 좁은 속내를 가감 없이 드러내는 말, 잠깐의 감정
을 못 이겨 쏟아내는 말, 과장되고 억지스러운 말 등등. 그런 말
을 하고 나면 하루에도 몇 번씩 '내가 이것밖에 안 됐나.', '왜 나
는 이렇게 말을 할까.' 하며 자책하게 된다. 하지만 사람의 말 그
릇이 넉넉해지기 위해서는 노력이 필요하다. 자연스럽게 좋아지
는 것은 아무것도 없다.

　언젠가 선배네와 부부동반 저녁식사를 함께한 적이 있었다.
그런데 두 시간 동안 우리 부부가 한 일은 선배의 이야기에 고개
를 끄덕이는 것뿐이었다. 새롭게 시작한 사업이 얼마나 잘되고

있는지, 아이들이 얼마나 공부를 잘하는지, 넓은 평수의 아파트가 얼마나 쾌적한지에 대해 듣고 또 들었다. 그리고 내 눈은 나도 모르게 자꾸만 시간을 확인하고 있었다.

나는 모임이 끝나고 돌아오는 길에 남편에게 물었다.

"여보, 선배네는 우리에게 궁금한 게 하나도 없었을까?"

얼마 전부터 다니기 시작한 도자기 공방에서, 나는 어떤 마음으로 말 그릇을 다듬어나가야 할지 깨달았다. 취미로 시작한 일이라 만만하게 여겼는데 웬걸, 흙을 빚어 그릇을 만들어내는 일은 결코 쉽지 않았다. 눈대중으로 두들기다 보면 어느새 바닥은 울퉁불퉁, 모양은 들쭉날쭉 균형을 잃기 일쑤였다. 게다가 그렇게 어물대다 보면 급기야 반죽에 쩍쩍 금이 가곤 했다. 진땀을 흘리고 있는 내게 선생님이 이런 말을 건넸다.

"그릇을 빚다 보면, 자꾸 틈이 생기고 구멍이 보이고 결이 갈라지기 시작해요. 흙의 특성 때문이지요. 그럴 때 번거롭다고 그냥 두면 모양도 흐트러지고, 나중에 구울 때 꼭 깨져버려요. 아무것도 담을 수 없는 쓸모없는 그릇이 되지요. 가장 중요한 것은 기초 작업이에요. 틈이 보이면 바로바로 손으로 매만져주고 구멍이 생기면 빠짐없이 채워줘야 해요. 필요 없는 공기거품은 모두 없애야 하고요. 공을 들여 쓰다듬고 매만질수록 그릇이 견고해져요. 그래야 나중에 고생을 덜 해요."

순간 내가 만들고 있는 이 그릇이 우리의 말 그릇과 닮아 있다고 생각했다. 처음부터 온전한 게 어디 있을까. 누구나 살면서 말실수도 하고 말에 속기도 하고 말 때문에 관계가 틀어지는 아픔도 겪는다. 다만 그 말에 관심을 기울이고, 나의 말을 더 나은 방향으로 바꿔보겠다고 결심하면 그때부터 말 그릇은 조금씩 성장하게 마련이다.

균열이 생기기 시작한 그릇을 고치기 위해서는 그 균열을 알아보고 매만지는 작업부터 시작해야 한다. 자꾸만 날선 말이 쏟아진다면, 내 마음의 어느 곳에 날이 서 있는지 알아보는 게 첫 단계인 것처럼. 말을 만들어내는 마음을 살펴서 그 균열을 메우는 것, 그것부터 시작해야 한다.

내면아이

심리학에는 '내면아이' 혹은 '어른아이'라는 개념이 있다. 어린 시절 충격적인 사건이나 강렬한 경험을 한 아이가 그때의 상처를 치유하지 못한 채 어른이 되면, 몸은 자랐지만 마음은 아직 그때에 머물러 있게 된다는 의미다.

어떤 이의 마음속에는 열 살짜리 소녀가 숨어 있고, 어떤 이의 마음속에는 사춘기 소년이 아직도 방황을 끝내지 못한 채 서성인다. 그러다가 그때의 기억을 떠올리게 하는 상황이 되면 자신도 모르게 폭발하고 만다. 이게 다 '내면아이' 때문이다.

아이들은 자신(self)에 대한 정체성이 확립되어 있지 않다. 자기중심적이고, 흑백논리에 매몰되어 있고, 추상적인 사고를 하지 못한다. 내면아이를 품고 살아가는 이의 모습도 이것과 비슷하다. 나이는 먹었지만 '내가 누구인가?'에 대한 이해가 부족하고, 사람마다 가진 입장과 상황의 차이를 이해하지 못하며, 숨은 의미나 말할 수 없는 진실이 있다는 것을 알지 못한다. 멀리 보지 못하고 지금 이 순간 자신이 하고 싶은 것, 갖고 싶은 것에만 집중한다.

당연히 말도 그러한 패턴을 따를 수밖에 없다. 나잇값을 한다는 것은 나이에 걸맞은 말, 행동, 태도를 가지고 있다는 뜻이다. 그런데 "저 나이 먹도록 말을 왜 저렇게밖에 못할까?" 싶은 사람들을 잘 살펴보면, 아직도 내면아이를 떨쳐버리지 못한 경우가 많다.

일단 성장이 멈춘 그때로 돌아가야 한다. 지금껏 모르는 척, 괜찮은 척하며 묻어두었던 그때의 일들을 자세히 들여다보고 스스로를 이해시키는 과정이 필요하다. 아프고 불편해서 혹은 지금까지 잘 참아왔는데 이제와 다시 들출 필요 있을까 싶어 감추고 있던 속내를 꺼내보고 마음이 시원해질 때까지 털어내야 한다.

말 습관도 마찬가지다. 내가 무의식적으로 사용하고 있는 잘못된 표현이 있다면 그것을 사용할 때 내 말투는 어떠한지, 내 표정은 어떠한지, 내 마음은 어떠한지 찬찬히 다시금 살펴보는 시간을 가져야 한다. 그리고 결정적으로 누구의 영향으로 혹은 어떤 사건의 영향으로 그러한 습관을 지니게 됐는지 돌아봐야 한다. 어느 시점에 내 말이 성장을 멈췄는지 살펴보는 것이다.

말은 몇 초 만에 세상 밖으로 나오지만, 그 한마디 한마디에는 평생의 경험이 담겨 있다. 따라서 당신의 말 그릇을 살핀다는 것은 말 속에 숨어 있는 자신을 이해하는 과정과 같다. 만약 당신의 말이 잘못되어 있다고 느낀다면 그 이유 역시 당신의 마음 안에 있을 것이다.

마음이 변하면
말이 변한다

말을 변화시키고 싶은 사람들을 만날 때마다 먼저 묻는 것이 있다.

"당신의 말이 어떻게 바뀌길 바라나요? 그것을 바라는 이유는 무엇인가요?"
"당신의 말은 어떤 사람의 말투와 닮아 있나요? 그렇게 생각하는 이유는요?"
"당신의 말에 영향을 미쳤던 사건이 있나요? 그것은 무엇인가요?"
"당신이 자주하는 말 중에서, 당신을 가장 잘 드러내는 말은 무엇인가요?"
"당신은 어떤 상황에서 (혹은 어떤 사람에게) 후회되는 말을 자주 하나요?"
"당신의 말하기를 방해하는 생각이 있다면 무엇인가요?"
"다른 사람이 당신의 말을 통해 알 수 있는 것(특징)은 무엇일까요?"
"당신의 말은 상대에게 무엇을 남긴다고 생각하세요?"
"당신이 말을 통해 드러내고 (또는 감추고) 싶은 것은 무엇인가요?"

"당신이 지금껏 말(관계)의 변화를 위해 노력한 것들은 무엇인가요?"

그러면 대부분은 '말 잘하는 기술을 배우려고 왔는데 왜 이런 것을 물어볼까' 하고 생각하면서도 드문드문 이야기를 시작한다. 신기한 것은 '말'에 관한 대화를 하다 보면 어느새 한 사람의 과거와 현재, 미래에 대한 생각까지 줄줄이 쏟아져 나온다는 사실이다. 숨겨두었던 가정사, 털어 놓을 수 없었던 직장에서의 문제, 친구 혹은 연인 관계에서의 갈등과 고비 등등 자신을 괴롭혀왔던 상황들이 자연스럽게 딸려 나온다. 그리고 그렇게 시간을 두고 질문을 주고받다 보면 한 사람의 말을 움직이고 있던 심리적인 근원과 마주치게 된다.

나를 찾아왔던 사람 중 한 명은 직원들의 무능력에 필요 이상으로 분노하던 사람이었다. 그는 작은 실수에도 사람들을 비난하며 몰아세웠다. 나를 처음 찾아왔을 때 그가 배우고자 했던 것은 '다른 사람의 이야기를 참고 듣는 기술'이었다. 그러나 몇 차례 이야기를 주고받는 동안 우리는 어린 시절 채워지지 못한 그의 인정욕구를 발견하게 되었다. 평범한 모습으로는 사랑받을 수 없었기 때문에 부모님의 사랑과 인정을 받기 위해 과도하게 공부에 매달렸던 그는 여전히 그 상처에 시달리고 있었다. 자신의 능력에 대한 과도한 자신감과 우월감은 사실 내면에 숨어 있는 열등감의 또 다른 모습이었다.

일단 우리는 먼저 그 지점을 다루기로 했다. '힘과 능력을 보여줘야 인정받을 수 있다'는 믿음에 관해 충분히 이야기를 나눴다. 그 믿음이 진짜 그에게 도움이 됐는지, 현재에도 도움을 주고 있는지 알아보고 어떻게 바꾸어나가면 좋을지에 대해 이야기했다. 또한 언제 가장 감정적으로 견디기 힘든지, 그때마다 스스로를 다독일 수 있는 방법이 있는지, 있다면 그것은 무엇인지에 대해 의견을 나누었다.

그렇게 자신을 이해하는 과정을 거치고 난 후에야 비로소 우리는 다른 사람의 생각을 듣고 존중하는 대화 기술을 연습할 수 있었다.

다른 사람과 가까워지는 게 힘들어서 찾아온 사람도 있었다. 그는 지나치게 격식을 갖춘 태도, 거리감이 느껴지는 대화법 때문에 주변에서 불편해하는 것 같다며 친밀해지는 대화 기술을 배우고 싶다고 말했다. 그러나 내면 작업을 통해 우리가 발견해 낸 것은, 그가 정작 가까운 관계를 매우 불편해한다는 사실이었다. 인색하고 차가웠던 부모님, 외로웠던 유년기, 경쟁자였던 형과의 관계를 풀어내면서 그는 자신의 마음속에 거절에 대한 두려움이 자리 잡고 있다는 것을 깨닫기 시작했다. 상처받는 게 무서워서 무의식적으로 사람들과 친밀해지는 것을 피하고 거리를 유지하려 했다는 것을 알게 되었다. 우리는 먼저 그것에 대해 충분히 이야기를 나누었다. 그리고 그 상처를 다룰 수 있게 된 후에야 좋은 이미지를 남기는 대화 기술을 연습하기 시작했다.

  말 때문에 곤란을 겪고 있는 중간관리자를 만난 적도 있었다. 그는 상부의 지시를 아랫사람들에게 정확하게 전달하지 못하고, 회의를 이끌 때도 리더답지 못한 것 같아 고민이라고 했다. 실제로 대화를 나눠보니 유난히 말이 많고 두서가 없는 편이었다. '아까 뭐라고 하셨지요?' 하고 되묻거나 질문과는 다른 엉뚱한 답을 하기도 했고 간혹 말실수도 했다. 우리는 일단 그가 '문제'라고 진단한 것을 고치기 전에 그럴 수밖에 없게 된 사정을 알아보기로 했다.

  그는 다른 사람의 눈치를 지나치게 보고 있었다. '이렇게 말하면 나를 어떻게 생각할까', '내가 어떻게 해야 이 사람이 나를 좋아할까?'를 너무 고심하다 보니 말이 끊기는 순간에 불안해했고, 그 공백을 채우려다 보니 핵심 없는 말을 하기가 일쑤였다. 자신에게 집중하지 못하니 생각을 깔끔하게 정리하거나 소신 있게 말하는 게 힘들 수밖에 없었다. 그래서 우리는 먼저 '인기 있는 사람이 되어야 한다'는 그의 생각과 자존감에 관해 이야기를 나누기로 했다. 성과를 높이는 커뮤니케이션 기법은 스스로 자신을 돌아볼 수 있게 된 후에 천천히 연습해나가기로 했다.

　말이 퇴행된 지점을 살펴보면 대부분 크거나 작은 마음의 균열이 남아 있다. 균열을 매만져주지 않으면 불필요한 곳에 힘이 실린다. 과부하가 걸린다. 휘어진 상태가 오래되면 통증이 심해지고, '아픔'은 결국 삐뚤어진 방식으로 표출된다. 굽은 마음을 따라 말이 부자연스러워질 수밖에 없는 것이다. 사람들은 말 그 자체를 바꾸려고 하지만, 그보다 중요한 것은 '말을 그렇게밖에 할 수 없는 나'를 이해하는 일이다. 말의 장막을 걷어 올린 후 숨은 이유를 찾아내야 무엇부터 다시 시작할지 정리할 수 있다.

　말의 기술만 배우는 것은 인스턴트 조리법을 익히는 것과 같다. 효과적인 기술이라면 짧은 시간 안에 급격한 변화를 일으킬 수 있고, 검증된 조리법이기 때문에 맛도 제법 괜찮을 것이다. 하지만 그것이 요리하는 사람의 진짜 실력을 키워주지는 않는다. 응급조치가 필요한 상황이라면 최적의 처방이 될 수 있지만 기술로만 채워진 말 그릇은 언젠가는 다시 갈라지게 마련이다. 시간이 흐를수록 진정성에 대한 문제가 불거지게 된다. 말 기술도 내게 맞게 체화되는 시간이 필요하다. 그 시간을 단축하려면 말하기 기술을 배우기 전 나를 알아가는 시간을 먼저 가져야 한다.

작가이자 심리상담가인 토니 험프리스는 『심리학으로 경영하라』는 자신의 책에서 자기 내면을 스스로 성찰하고 경영할 줄 알아야 존경받는 사람이 될 수 있다고 말했다. "누구나 상처를 피하기 위해 심리적인 방어막을 칩니다. 하지만 자신을 알아가면서 진정한 나를 만나기 시작하면 나 자신과의 관계도 좋아지는 한편, 다른 사람과도 좋은 관계를 만들어갈 수 있습니다"고 이야기한다.

자신을 알아가려는 의지가 있는 사람은 문제가 생겼을 때 시선을 내면으로 돌린다. 자신의 행동을 돌아보고 변하기 위해 노력한다. 마찬가지로 말 그릇의 균열을 메우려면 말의 내면을 살필 줄 알아야 한다. 말 자체를 살피기 이전에 말 속에 사는 나를 만나야 말 그릇에도 변화가 찾아온다.

나답게
말한다는 것

"말은 언어 그 이상입니다. 그것은 한 사람이 성숙해나가는 과정이자 삶과 연결되는 방식입니다. 그러니 말을 도구로만 다루지 말고 나 자신으로 대하는 게 중요합니다. 그러기 위해서는 내면을 이해하는 충분한 시간과 약간의 기술이 필요합니다."

이렇게 말하면 사람들은 되묻는다.

"왜 내가 먼저 변해야 하나요?"
"굳이 성숙한 말하기가 필요할까요?"
"그렇게 말한다고 뭐가 달라지나요?"

이런 도전을 받을 때마다 스스로에게도 되묻게 된다. 말을 건강하게 변화시켜야 하는 이유가 무엇일까. 내달려도 부족한 시간에 멈추어 스스로를 탐색하고, 말 그릇을 다듬어야 하는 이유는 무엇일까.

얼마 전 『어떻게 죽을 것인가?』라는 책을 다시 꺼내 읽었다. 저자는 철학자 조시아 오리스의 말을 빌려 이런 말을 남겼다.

"그는 왜 우리가 단순히 존재하기만 하는 것 - 안전한 환경에서 단순히 의식주만 제공받는 것 - 은 공허하고 의미가 없다고 느끼는지 알고 싶었다. (중략) 그는 우리가 스스로를 넘어서는 대의를 추구하기 때문이라고 믿었다. 그것을 인간 본연의 욕구로 보았다. 그 대의는 큰 것일 수도 있고, 작은 것일 수도 있다. 중요한 것은 어떤 대의에 가치를 부여하고 그것을 위해 희생할 만하다고 느낄 때 우리는 자신의 삶에서 의미를 찾게 된다는 점이다. 로이스 교수는 자신을 넘어선 대의를 위해 헌신하는 것을 충성심이라고 얘기했다. (중략) 이 충성심은 우리처럼 평범한 존재가 겪는 역설적인 상황을 설명해준다."

이 문장에서 나는 우리가 말 그릇을 다듬어야 하는 궁극적인 이유를 발견했다. 우리에게는 분명히 더 크고 깊은 것에 대한 충성심이 있다. 배부르고 등 따뜻하면 족하다는 개인주의의 다른 쪽에는 언제라도 가치 있는 삶을 위해 수고할 준비가 되어 있는 또 다른 내가 있다. 가치의 기준은 사람마다 다르겠지만, 분명 그 것은 자신을 넘어서는 행동이다.

'사람들을 성장시키고 그들에게 필요한 존재가 되고 싶다. 사람 과 세상에 이로움을 남기는 존재가 되고 싶다. 그것을 통해 내 한 계에 도전하고 싶고, 위로받고 싶고, 나의 의미를 확인하고 싶다.'

누구에게나 이러한 소망이 있는 것이다. 그렇기 때문에 우리 는 누가 뭐라고 하지 않아도 어느 순간 스스로를 돌아보고 더 나 은 방향으로 나아가고 싶어 한다.

에릭 에릭슨(Erik Erikson)도 이와 비슷한 말을 했다. 인간은 태 어나서 죽을 때까지 계단을 오르듯이 일련의 단계를 거치는데 각 단계에는 해결해야 하는 중요한 과제들이 있고, 이를 뛰어넘 을 때마다 삶에 필요한 능력을 하나씩 획득하게 된다고 말이다.

그런데 성인 중기부터 60세에 이르는 기간, 즉 각각의 성장 단 계 중 가장 긴 시간 동안 가장 중요하게 대두되는 개념이 하나 있 는데, 바로 '생산성'이다. 여기서 말하는 생산성이란 '나 아닌 다 른 사람, 다음 세대를 위해 가치 있는 역할을 하는 것'을 뜻한다.

자녀를 양육하거나 후배들을 육성하는 일, 누군가에게 도움이 되는 물건이나 서비스를 만드는 일, 뜻과 이상을 세우고 다음 세대에게 긍정적인 영향을 미칠 수 있는 일을 하는 것 등등. 이 모든 활동들을 통해 사람은 '생산성'을 경험하게 된다. 그리고 이것을 경험한 사람은 배려와 자기 유능감을 획득하게 된다.

이 시기에 생산성을 경험하면서 다른 사람들과 잘 지냈던 이들은 인생에 비교적 후회를 덜 남긴다. "잘못된 선택들도 있었지만 난 최선을 다했어."라고 스스로를 격려할 줄 알게 된다.

그러니 우리가 좋은 사람으로 성장하기를 바라는 것, 그 과정에서 깊고 넉넉한 말 그릇을 갖기 위해 고군분투하는 것은 지극히 자연스러운 행동일지 모른다. '되는 대로 살자'며 모른 척하기에는 영 불편한 마음, 그것이 사실 인간의 본능 같은 것인지도 모른다.

말은 살아 있다. 누군가의 마음속에 씨를 뿌려 열매를 맺기도 하고, 마음을 더 소란스럽게 만들기도 한다. 외롭게 만들기도 하고, 마음의 빗장을 열어젖히기도 한다. 말은 당신과 함께 자라고 당신의 아이들에게로 이어진다. 말은 내가 가진 그 어떤 것보다 내가 어떤 사람인지를 더 정확히 보여준다.

그래서 단단한 말 그릇을 만들기 위해 우리는 노력할 수밖에 없는 것이다.

"예전에는 말할 때 늘 주저하곤 했어요. 누군가에게 상처를 줄까봐 자신이 없었거든요. 그런데 이제는 제법 편안하게 말할 수 있게 됐어요. 무엇보다도 제가 사용하는 말이 저와 잘 어울리는 것 같아서 기뻐요. 말이 나다워지는 것을 느껴요."

말 그릇을 다듬은 사람은 관계의 깊이가 달라진다. 사람들과의 만남이 이전보다 편안해지고, 이야기를 들어주고 위로하고 공감하는 역할도 기꺼이 해내게 된다. 무엇보다 스스로를 꽤 괜찮은 사람으로 여기게 된다.

말 그릇을 향한 노력을 멈추지 않는다면 그것은 어느 순간 단단한 자존감이 되어 자신에게 선물처럼 되돌아올 것이다.

내
면
의
말
그
릇
다
듬
기

Part 2

말을 하는 순간 우리의 몸과 마음은 분주해진다. 말을 할 때마다 몸이 반응하는 것은 물론이요, 세 가지 심리적인 시스템도 함께 작동하기 때문이다. 즉 사람의 '말 한마디' 속에는 그 사람만의 고유한 감정과 공식, 습관이 녹아 있는 법이다.

그렇기 때문에 말 그릇을 키우기 위해서는 이 세 가지 요소를 이해하고 제대로 사용할 줄 알아야 한다. 그리고 그 과정은 자신의 내면을 살펴보는 일과 맞닿아 있다.

- 마음속에서 일어나는 감정
- 머릿속에서 만들어지는 공식
- 저절로 튀어나오는 말 습관

먼저 마음속에서 만들어지는 감정에 대해 알아보자. '말을 해야지' 하고 생각하기 전에 항상 먼저 작동하는 것은 감정이다. 그러나 감정을 인식하지 못하는 사람, 감정을 모른 척할 정도로 지쳐 있는 사람, 감정을 숨기거나 대체하며 살아야 했던 사람들은 여러 감정을 구별해 내지 못한다. 그래서 다양한 감정을 몇 가지의 감정으로 대체해 사용한다. 당연히 말도 그 감정을 따라간다. 슬퍼도 화를 내고, 불안해도 화를 내고, 서운해도 화를 내는 사람들. 혹은 그 감정들을 짜증이나 우울함으로만 표현하는 사람들. 이렇게 제한적인 감정노출에 익숙해진 사람들은 그것이 어떻게 자신의 말과 관계에 영향을 주는지 인식할 수 없다. 감정은 원래 마음을 보호하고 관계를 유지하게 돕는다. 그러나 감정과 먼 거리에 있는 사람들은 감정의 순기능을 사용하지 못하고 가짜 감정을 휘두르며 대화한다. '자꾸 마음과 다르게 말하게 된다'는 것은 감정을 제대로 인지하지 못하고 있다는 뜻이다. 감정은 진짜 하고 싶은 말을 열어주는 역할을 하기 때문에 제대로 알고 느끼고 사용하는 것이 무엇보다 중요하다.

감정을 제대로 인지하고 있더라도 그 다음 단계에서 막혀버리는 사람들도 있다. 인생에서 강렬한 사건을 경험하게 되면 우리의 뇌는 그것을 통해 일종의 '공식'을 저장해둔다. 공식을 사용해 더 쉽게 수학 문제를 푸는 것처럼, 경험을 통한 공식을 저장해두면 그와 비슷한 상황을 갑자기 만나게 되어도 고심하지 않고 바로 적용할 수 있기 때문이다.

하지만 가끔 잘못 저장된 공식이 건강한 말하기를 방해할 때가 있다. 예를 들어 부모가 사사건건 비난하는 말하기를 사용했다면, 아마 그 사람은 자기도 모르게 '윗사람의 말=공격'이라는 공식을 세워두고 선배나 상사의 말에 반사적으로 반발하거나 변명할 수도 있다.

발달심리학자인 보울비(bowlby)는 우리는 매일 많은 양의 정보를 다루고 적절한 결정을 내리기 위해 머릿속에 공식을 만들어간다고 설명한다. 공식은 말하자면 세상을 이해하기 위한 틀과 같다. 하지만 자신이 어떤 공식을 갖고 있는지 알지 못하거나 그 공식에 스스로 갇혀 있거나 다른 사람의 공식을 전혀 받아들이지 못하는 사람들은 자신만의 기준과 원칙들을 세워놓고 잘잘못을 따진다. 상대방의 의견을 존중하기보다는 편을 가른다. 당연히 관계는 단절될 수밖에 없다.

마지막으로 자신의 말 습관에 대해서도 알아봐야 한다. 말은 배운 대로 하기보다 입에 배인 대로 하게 되기 때문이다. 말은 체험으로 각인된다. 말 때문에 손해를 보았거나 후회해본 사람이라면 '다음에는 꼭 이렇게 말해야지!', '다시는 이렇게 말하지 말아야지!' 하고 다짐한다. 그러나 너무 오랜 시간 입에 딱 붙어버린, 익숙하고 편안한 말을 버리기란 어렵다. 고정된 패턴으로 금세 회귀해버린다.

그럴 때는 '내가 그렇지 뭐.', '성격이야.' 하면서 넘기지 말고 그 말의 탄생에 의구심을 가질 필요가 있다. 자주 사용하는 말들이 어디에서 왔는지, 누구의 영향을 받은 건지, 그것을 버리지 못하는 이유가 무엇인지에 대하여 뒷조사를 하다 보면 말의 출생이 수면으로 떠오른다. 이해하게 되면 의식하게 되고, 의식하게 되면 변화의 가능성은 커진다.

떼어내려 해도 떨어지지 않는 말들은 자신이 선택한 말이라기보다는, 학습된 것일 가능성이 높다. 부모, 형제나 또래 친구, 사회에서 처음 만난 선배나 영향력 있는 어른에 의해 만들어진 말일 수 있다. 그렇기 때문에 당신이 지금껏 경험한 말들과 현재 당신의 말이 어떻게 닮아 있는지 그 상관관계를 알아봐야 한다. 의도한 말과 의도하지 않았는데 저절로 튀어나오는 말을 구분할 필요가 있다.

자신이 말을 주도해야 말의 주인이 될 수 있다. 감정을 세밀히 구분해서 그에 맞는 말을 고를 줄 아는 사람, 고정된 생각에 갇혀 있지 않고, 습관적으로 말하지 않는 사람만이 말 때문에 후회하고 실망하고 탓하는 일에서 벗어날 수 있다.

지금 당신의 말을 주도하고 있는 것은 무엇인가?
당신의 말 그릇은 충분히 단단한가?

지금부터는 감정과 공식, 습관에 대해서 더 자세하게 알아볼 것이다. 이제 말의 세 가지 요소가 당신의 내면 안에서 어떻게 작동하고 있는지, 그 중 당신의 말을 방해하는 요인이 무엇인지 알아보는 여정을 시작해보자.

감정에 대하여

감정이
당신에게 말해주는 것

당신은 감정에 대해 얼마나 알고 있는가. 대화 중에 감정을 얼마나 정확히 느끼고, 표현하며 살고 있는가.

'감정' 이야기를 하면 꼭 생각나는 사건이 있다.

첫째가 네 살쯤 되었을 때의 일이다. 친구 집에 놀러 갔다가 레고를 우연히 접한 후로 아이는 그 장난감에 푹 빠졌다. 우리는 큰 맘 먹고 소방본부 세트를 사주었고, 아이는 신이 나서 집에 돌아오자마자 아빠와 장장 두 시간에 걸쳐 소방차 한 대를 만들었다. 조막만 한 손으로 자기 손마디보다 작은 부품들을 요리조리 연결하느라 땀으로 범벅되었지만, 아들은 조립을 마치고 환호성을 질렀다.

그때 나는 하필이면 그 명장면이 펼쳐지고 있는 거실이 아닌, 안방에 있었다. 남편은 '엄마에게도 자랑해야지.' 하고 아들을 부추겼고, 아들은 작품을 들고 종종거리는 발걸음으로 달려오다가 그만 안방 입구에서 그것을 툭! 하고 놓치고 말았다.

묵직한 소리와 함께 깨알 같은 레고 부품들이 침대 밑이며 옷장 아래로 산산이 흩어졌다. 순간 0.1초간 정적이 흘렀고, 잠시 후 아이는 '으앙' 하며 울음을 터뜨렸다. 그리고 내게 소리쳤다.

"엄마 미워!!! 다 엄마 때문이야!"

당혹스러웠다. 하지만 곧이어 감정을 가르쳐줄 좋은 기회라는 생각이 들었던 나는, 분에 못 이겨 울어재끼는 아이를 품에 안으며 이렇게 말했다.

"아들, 속상하지… 지금 아들은 속상한 거야. 그러니까 화내지 않아도 돼. 속상하면 속상하다고 말하고 엄마에게 위로 받으면 되는 거예요, 알았죠?"

이 말을 들은 아이는 눈을 몇 번 껌벅이더니, 더듬더듬 말했다.

"그럼 나 속상해요. 엄마, 나 속상해요."

그러고는 아까보다 더 크고 서럽게 울기 시작했다. 그리고 얼마 동안 맘껏 울고 난 아들은 마침내 속이 개운해졌는지 눈물을 슥 닦더니 사라진 조각들을 다시 찾게 도와 달라고 말했다. 아들에게서 진짜 감정을 인지하고 해소한 사람의 시원함 같은 게 느껴졌다.

그날 아들은 속상함이라는 감정을 배웠다. 다양한 감정의 목록 중에서 '속상함'이라는 감정과 그 감정을 다루는 방식을 배웠다. 아마 다음에 또 비슷한 상황이 생긴다면 그때는 벌컥 화를 내기보다는 속상하다고 말하고 더 빨리 위로받고 감정을 추스르게 될 것이다.

다시 신나게 아빠와 레고를 조립하는 아이를 보면서 생각했다. 아이들은 자신의 감정을 잘 모른다. 그것이 속상함인지, 당황스러움인지, 슬픔인지, 놀람인지. 그 정체를 배운 적이 없다. 그저 낯선 상황, 무엇인가 잘못되었다는 판단이 들면 반사적으로 아무 감정이나 골라잡아 내지른다.

물론 그 감정을 어느 정도로 표현해야 하는지도 알지 못한다. 아이는 웃음이나 울음 같은 본능적 감정에 더 익숙하기 때문에, 급한 대로 그 중 하나를 선택해서 힘껏 내질러 버린다. 웃을 만한 상황은 아닌 것 같으니 소리를 지르며 운다.

다행스럽게도 아이들에게는 '아이니까'라는 너그러운 해설이

허용된다. 다소 부적절하게 감정을 표현했다 하더라도 지적보다는 다독임을 받는다. '잘 몰라서 그런 거지', '아직 어려서 그래'라며 감정의 부적응자 대열에서 제외시킨다.

그렇다고 해도 만약 엄마가 "뚝! 울지 마! 네가 조심하지 않고 어디서 울어!" 하고 다그치면 아이는 상황에 맞는 감정을 배울 수 없게 된다. 그래서 다음에 비슷한 상황이 와도 제대로 말하지 못하고 감정을 삼켜 버리거나 또다시 악을 쓰며 화를 내게 된다. 그럼 엄마는 아이를 더 다그칠 테고, 아이는 그런 엄마를 보면서 '화'라는 감정에 대한 잘못된 해석을 가지게 된다. '역시 화는 나쁜 거야.' 또는 '역시 마음에 들지 않을 때는 강하게 화를 내야 해, 엄마처럼.' 하면서 부적절한 감정을 강화시킨다. 그리고 갈수록 엄마와 아이의 대화는 엉망이 되어버린다.

물론 어른들에게는 이런 기회조차 주어지지 않는다. 다 컸다고 봐주는 구석이 없다. 너무 아파서 화를 내는 사람에게 "넌 지금 슬퍼서 그런 거야. 겁내지 말고 충분히 슬퍼해도 괜찮아."라고 말해주지 않는다. 그저 '성격이 이상한 사람,' '가까이 하면 피곤한 사람'으로 취급할 뿐이다.

우리는 실수해서 속상한 사람에게 "그러니 내가 뭐라고 했니, 진작 좀 준비하라고 했지!"라고 말하면서 감정을 숨기도록 조장하고, 연인과 헤어져서 슬퍼하는 사람에게 "남자가 개 밖에 없냐! 당장 소개팅 하자!"라며 감정을 덮어두도록 부추긴다. 지금 이 순간의 감정이 무엇인지 정확하게 느끼고, 숨겨진 의미를 해석하고, 올바르게 다루도록 연습할 기회를 박탈해버리고 만다.

감정을 연구하는 폴 에크만(paul Ekman)은 인간의 감정체계는 긍정적인 감정은 최대화하고 부정적인 감정은 최소화하는 행동으로 우리를 이끌어 간다고 했다. 기본적으로 인간은 고통을 피하고 싶은 동기를 가지고 있기 때문에 '좋지 않음'에 대해서는 모른척하려고 한다는 것이다.

그러나 속상함, 상실감, 수치심과 같은 부담스러운 감정들도 다 존재하는 이유가 있다. 그 이유에 걸맞게 대우해주어야 한다. 그것으로부터 도망가거나 대항해서는 안 된다. '그래, 난 지금 슬픈 거야.'라고 감정 자체를 인정하고 '내 얘기를 들어줘.' 하면서 공감의 방식으로 감정을 해소해 나가야 한다.

감정으로부터 도망가기 시작하면 외로워지고 억울해진다. '이게 아닌데.', '무엇인가 잘못되었어.' 하는 찝찝함에서 벗어나지 못한 채 의도하지 않은 쪽으로 말을 하기 시작한다. 잘못 선택한 감정이라도 일단 들어선 길이기에 다시 돌아오지 못하고 제대로 된 감정과는 점점 멀어진다. '마음과 일치하는 말'을 하려면 먼저 감정과 친해져야 한다. 감정과 말을 엇갈리지 않게 연결시키는 능력이야말로 넉넉한 말 그릇이 되기 위한 핵심 요소다.

감정에
서툰 사람들

어린 시절부터 국어, 영어, 수학을 배우느라 감정을 배우지 못하면 자라서도 감정에 서툴다. 지나치게 인색하거나 넘치게 사용한다. 자기 마음 한 편에서 일어나는 감정의 색을 모른 척하면 자신에게 유리하다고 판단되는 감정만 보여주면서 살게 된다. 특히 '분노'라는 감정에 익숙해진다.

좋을 때는 표현도 안 하다가 억울한 일에만 반응하며 눈을 부라리고 목소리를 높이게 된다. 이른바 '분노중독'이다. 화를 내면서 스스로 힘을 가지고 있다고 착각하며 점점 거친 말, 센 말만 찾게 되는 것이다.

'슬픔'이라는 감정만 사용하려는 사람들도 있다. 원하는 것을 이루지 못했거나 가지지 못했을 때 무작정 슬픔과 우울함 속으로 빠져든다. 적극적으로 해결해보려는 의지를 스스로 꺾고, 주변의 관심과 위로를 기다리면서 삶을 소비한다. '화병'과 '우울증'이야말로 감정에 서툰 사람들이 자주 걸리는 덫이다.

자신의 감정과 어울려 살지 못하면 자신과 대화하는 것은 물론, 다른 사람들과 대화하고 어울리는 것에도 서툴 수밖에 없다. 감정을 정확하게 알지 못하니 엉뚱한 곳에서 감정이 넘치고 말이 샌다. 얼마 전 함께 대화를 나누었던 회사원도 그랬다.

"후배 한 놈 때문에 아주 죽겠습니다. 후배라고 처음 들어와서 좀 키워보려고 공을 들였거든요. 모르는 것도 하나하나 일러주고, 실수해도 눈감아주면서 기회를 여러 번 줬는데. 입사한 지가 언제인데 아직도 제대로 일을 못해요. 실력이 늘 만도 한데 당최 나아지질 않아요. 제가 언제까지 뒤를 봐줘야 하냐고요!"

그는 화가 많이 나 있었다. 얼마 전에는 후배에게 "도대체 입사한 지가 언제인데 이것밖에 못하나! 다른 일을 알아봐야 하는 것 아니냐"고 말해버렸다고 한다. 순간적으로 감정조절을 못한 것은 맞지만 너무 화가 나서 참을 수가 없었다고 털어놓았다. 일단 나는 그에게 이런 질문을 던졌다.

"그때 후배를 보면서 어떤 감정을 느끼셨나요?"

"화가 나죠! 참을 수가 없더라고요."

"네, 그럼 화를 내면서 얻고 싶으셨던 것은 무엇이었나요?"

"얻고 싶은 것이요? 음… 후배가 긴장도 좀 하고, 정신 차리면서 일하기를 바라죠."

"화내는 선배를 보면서 후배는 무엇을 배웠을까요?"

"네? 글쎄요. 녀석도 한다고 하는 건데 그런 말을 들으니 서운하긴 했겠죠…."

나는 얼핏 보면 '화'로 보이는 감정도 원래는 화가 아니었을 수도 있다고 말해주었다. 감정은 미묘하게 원래의 색을 바꾸기 때문에 자신의 진짜 감정을 알아차리려면, 처음에 가졌던 기대가 무엇인지를 따져보아야 한다.

나는 그에게 상대방이 오해하지 않게 만들려면, 먼저 자신의 '오리지널' 감정을 찾아야 한다고 설명했다.

잠시 후 그가 입을 열었다.

"음. 그럼 제 오리지널 감정은 실망감이었던 것 같네요. 첫 후배기도 하고… 충분히 해줄 거라고 믿었는데 그렇지 못하니 실망한 거죠."

"실망이 화로 둔갑해 버렸네요."

"뭐… 그런 셈이네요."

"후배에게 화가 아닌 실망으로 표현했더라면 어떻게 달라졌을까요?"

"음. 제가 그렇게 몰아붙이지 않았다면 후배도 자신의 속마음을 좀 털어놓았을 것 같다는 생각이 드네요."

'실망해서 화가 난 것 아니냐'고 생각할지 모르지만 실망과 화는 전혀 다른 감정이다. 실망이라고 생각하면 '너에 대한 믿음과 앞으로의 기대'에 대해 함께 말할 수 있는 기회가 생기지만, 화라고 생각하면 '너 때문에 생긴 분노'만 남겨질 가능성이 높다. 결국 상대방에게 감정을 표현하는 것은 '그것을 통해서 얻고 싶은 게' 있기 때문인데, 화의 목적은 상대방을 물러서게 하고 웅크리게 만드는데 있다. 선배가 화를 내면서 말하면 후배는 속뜻을 헤아리기는커녕 야속하다며 화를 낸 사람을 원망하게 된다. 결국 원하지 않은 방향으로 대화가 흘러가 버린다.

이것은 감정이 원했던 게 아니다. '감정'은 당신을 해치려고 온 도둑이 아니라 도와주기 위해 찾아온 친구다. 당신의 말이 가야 할 방향을 알려주는 길잡이다. 그러니 감정이 어떤 얼굴을 하고 있는가를 제대로 보아야 제대로 말할 수 있게 된다.

진짜 감정 찾기

나는 그때 _____ (감정)을 느꼈다.
왜냐하면 내가 _____ 라는 기대(생각)를 가지고 있었기 때문이다.
그러니까 다시 생각해보면 내가 느낀 첫 감정은 _____이다.

감정에 서툰 사람들은 특히 가정이나 친구 간의 모임에서 종종 찾아볼 수 있다. 아니, 오히려 이렇게 가까운 사람들끼리 모인 곳에서 서툰 감정 때문에 발생하는 갈등이 많은 편이다.

언젠가부터 우리 부부는 '화장실 청소' 때문에 옥신각신하기 시작했다. 나는 다른 것은 몰라도 '일주일에 한 번 하는 화장실 청소'만큼은 남편에게 꼭 해달라고 부탁했다. 그런데도 불구하고 잘 지켜지는 것 같지 않았다. 몇 번을 꾹 참고 넘어가던 나는 (아마도 몇 번이나 안 하고 넘어갔는지 세고 있었던 것 같다), 유난히 몸이 고되던 어느 날 신랑의 뒤통수에 대고 이렇게 소리쳤다.

"지금 나 무시해? 내가 분명히 청소해달라고 했잖아요!"

갑자기 험악한 표정을 하고 달려드는 아내를 보며, 남편은 흠칫 놀라더니 '알겠다'며 화장실로 들어갔다. 그때 시각은 밤 12시. 화장실로 들어가는 그의 옆얼굴을 지켜보다가 나는 야근에 찌든 그의 두 눈을 발견했다. '아차!' 싶었다. 그때서야 그가 어제 새벽에 들어왔다는 게 생각났다.

마음이 불편해지기 시작했다. 앉아 있지도 못하고 화장실 문앞을 서성이면서, 내가 그토록 화장실 청소에 집착한 이유가 무엇인지 생각하기 시작했다.

'내가 원한 건 이런 게 아니었는데. 내가 알아채지 못한 내 오리지널 감정은 무엇이었을까? 내가 남편에게 하고 싶었던 진짜 말은 무엇이었을까?'

나는 그때 짜증을 느꼈다.
왜냐하면 내가 부탁한 것은 꼭 들어줄 것이라는 기대(생각)를 가지고 있었기 때문이다.
그러니까 다시 생각해보면 나의 진짜 첫 감정은 서운함이었다.

나는 서운했었다. 화장실 청소를 해달라는 내 말을 귀담아 듣지 않는 것 같아서 서운했던 거다. 혼자서 서운한 감정을 창고에 쌓아놓고, 그것에서 악취가 나기 시작하자 그대로 터뜨려 버렸다. 분노라니. 그것은 함께 아이들을 키우며 함께 일하는 내 고단한 반려자에게 전하고 싶은 마음이 아니었다. 30분 후 아까보다 더 지친 얼굴로 등장한 남편에게 나는 작은 소리로 말했다.

"소리 질러서 미안해요. 내가 서운했었나봐. 자기가 내 부탁을 모른 척하는 것 같아서. 내 말을 귀담아 듣지 않았다고 느꼈나봐."

남편은 그제야 안도의 한숨을 내쉬며 자기도 미안하다고 말했다. 동시에 내 부탁을 기억하고 있었노라고, 다만 감기 기운이 있는지 한동안 몸이 좋질 않아서 조금 놓쳤다는 말을 덧붙였다. 뒤늦게 진짜 감정을 알아채고 그것을 솔직하게 나눈 후에야 우리는 다시 평온한 대화를 이어갈 수 있었다.

순간의 감정에 압도되면 사고기능이 위축되기 때문에 많은 정보들을 놓치게 된다. 생각해보면 그동안 남편이 계속해서 청소를 모른 척한 것은 아니었다. 내 눈에 흡족하지 않았을 뿐, 그는 어쨌든 약속을 지켜왔다. 짜증과 분노로 뇌가 마비되어 그 순간 그의 사정에 대해서는 눈곱만큼도 배려하질 못했던 것이다.

이런 비극은 순식간에 벌어진다. 창고에서 방출하듯 한꺼번에 쏟아낸 말은 찰나에 관계를 어그러뜨린다. 평소에 진짜 감정을 인지하는 연습을 하지 않으면, 감정이 당신을 덮칠 때 철이 자석에 달라붙듯 익숙한 몇 가지 감정만이 자동적으로 쏟아져 나오고, 그것이 당신의 말을 결정하게 된다.

감정의 진짜 목적을 마주하지 못하면 당신의 말은 갈 곳을 잃는다. 상대방에게 강렬한 인상을 남길지는 모르지만 그것은 떠도는 말이 되고, 당장은 시원하겠지만 결국 사람들을 멀어지게 만든다. 미안하니까 괜히 툴툴거리는 남편, 불안하기 때문에 소리지르는 엄마, 고마움을 빈정거림으로 표현하는 먼 친척, 부러워서 험담하는 친구처럼 말이다.

당신의 말 그릇 안에는 얼마나 다채로운 감정들이 살고 있는가.
그 감정들은 제때, 어울리는 상황에 정확히 나타나는가.
당신은 그 중에서 진짜 감정과 가짜 감정을 구분할 수 있는가.

감정 분석하기

요즘에는 작은 가전제품 하나만 사도 딸려오는 매뉴얼이 거의 책 한 권 분량이다. 부품설명부터 시작해서 취급 시 주의사항 등 온갖 내용들이 빼곡하게 들어차 있다. '이걸 누가 다 읽어?' 하면서 보통 받는 대로 서랍 안에 넣어버리는데, 그러다가도 '그거 어디다 뒀지?' 하며 다시 찾아볼 때가 있다. 바로 제품이 제 기능을 하지 못할 때다. 부품에 문제가 생기거나 성능이 예전 같지 않을 때면 보지도 않던 매뉴얼을 들춘다. 그럼 웬만한 것들은 거의 해결되는 편이다. 물론 그래도 안 되면 전문가의 도움을 받아야 하지만.

나는 감정에 관해서도 참고할 만한 매뉴얼이 필요하다고 생각한다. 매일 감정에 목줄을 달고 살아갈 수는 없지만, 어떤 이유로든 감정이 삐걱댄다고 느낄 때는 총체적인 점검이 필요하다. 감정은 '찰나'지만 자세히 들여다보면 몇 개의 단계를 거쳐 나타나고 사라진다. 감정에 끌려가지 않고 주인노릇을 하기 위해서는 이것을 하나의 온전한 프로세스로 이해할 필요가 있다. 제대로 알아야 내 것처럼 사용할 수 있으니까 말이다.

출현 - 자각 - 보유 - 표현 - 완결

감정은 '출현-자각-보유-표현-완결'이라는 다섯 개의 단계를 거쳐 나타났다가 사라진다. 지금부터 우리가 할 일은 각 단계에서 어떤 일이 일어나는지 감정이 우리에게 기대하는 반응은 무엇인지 함께 살펴보는 것이다.

1단계 '출현' : 나는 어떻게 감정을 느끼는가?

출현이란, 감정이 우리에게 보내는 신호이자 그에 따른 몸의 반응이다. 어떤 자극이 주어지면 뇌가 그것의 정체를 알아내고 호불호를 판단하기 이전에 몸이 먼저 반응한다. 그리고 그 반응은 심장의 두근거림, 손 떨림, 동공의 확장, 체온의 상승, 얼굴의 화끈거림, 몸의 경련, 가슴의 조임, 위장의 쓰림 등 다양한 방식으로 나타난다. 만약 이 몸의 신호를 잘 알아채는 사람이라면 감정에 더 예민하게 반응할 수 있다.

그러나 요즘 사람들은 외부의 소음과 자극에 반응하느라 몸이 보내는 신호에 예민하지 못하다. 카페인과 니코틴, 설탕과 알코올에 중독된 상태라면 몸의 소리를 들을 길이 없다. 몸은 신체적 기능을 담당할 뿐 아니라 감정의 신호를 받아들이는 통로이기도 하므로 몸이 막혀 있으면 진짜 감정에 닿는 게 어려워진다.

그럴 때는 명상이나 요가를 통해 몸이 보내는 신호에 귀를 기울이는 훈련을 하면 좋다. '바쁘다'는 이유로 무시했던 몸의 감각들을 살리기 위해 '호흡', '땀', '체온 변화', '심장 소리', '혈류의 움직임' 등에 집중해보자. 머리로 생각하는 시간 대신 몸을 느껴보는 시간, 감각을 바라보는 시간, 몸의 변화를 찾아보는 시간을 통해 온몸을 관통하는 자극들을 의식해보자.

몸은 우리에게 조용한 방식으로 말을 건다. 그래서 귀를 기울여야 그 소리를 들을 수 있다. 감정과 어울리기 위한 첫걸음은 당신의 몸이 말을 하고 있다는 것을 아는 것, 하루 중에 잠시라도 몸에 집중하며 미세한 신호들을 감지하기 위해 노력하는 것이다.

2단계 '자각' : 지금 떠오르는 감정의 이름은 무엇인가?

신체반응이 출현하면 그 다음 단계로 지금 내가 느끼는 감정의 정체를 구체적으로 그려보는 과정이 일어난다. 예를 들어 '심장의 두근거림' 증상이 일어났는데, 평소 좋아하던 사람이 눈앞에 있다면 우리는 그것을 '설렘'이라고 판단할 것이다. 그런데 평소에 무섭게 나를 꾸짖었던 선배 앞이라면 우리는 그것을 '불안함'이라고 판단할 것이다.

그러나 항상 감정을 명확하게 자각할 수 있는 것은 아니다. 감정은 단독으로 행동하지 않고 무리지어 움직이는 경우가 많기 때문이다. 시원섭섭하다는 말처럼 말이다. 슬프기도 하고 기쁘기도 하고, 좋기도 하고 아쉽기도 하고…. 감정은 페이스트리처럼 여러 층을 이루고 있기 때문에 파악하기가 쉽지 않다.

게다가 감정은 순식간에 얼굴을 바꾼다. 감정은 '정확한 것'보다는 '익숙한 것'을 좋아한다. 살면서 다양한 감정을 경험해보지 못했거나 억누르거나 조종당해온 사람일수록 낯선 감정을 불편하게 여겨 빨리 벗어나고 싶어 한다. 오랫동안 '희망'을 느껴본 적 없던 사람이 '기대와 기쁨'을 누리지 못하고, 어린 시절 '불안'에 익숙했던 사람이 '고요함과 안락함'을 견디지 못하는 것처럼, 아무리 좋은 감정들이라 할지라도 익숙하지 않으면 무시하려고 한다.

그래서 오랫동안 특정한 감정에만 노출된 사람일수록 감정의 얼굴이 더 빨리, 더 자주 바뀐다. 느낌에 대한 신뢰가 없기 때문에 낯선 감정들을 피하거나 왜곡시켜버린다. 반면 어릴 때부터 감정을 존중받아온 사람, 자연스럽게 감정을 표현하고 나누는 관계를 맺어본 사람들은 다르다. 그들은 감정을 제대로 알아차리고, 그것으로부터 도망가지 않는다. 위장된 감정들 사이에 숨어 있는 진짜 감정을 찾아낸다.

진짜 감정을 찾는 것이 중요한 이유는, 그 안에 말하고 싶은 핵심이 있기 때문이다. 감정은 우리에게 무엇인가를 알려주려고 한다. 감정의 이면을 잘 살펴보면 전하고 싶은 속내, 간절히 바라는 욕구, 이루고 싶은 목표들이 숨겨져 있다. 어떤 감정의 문을 여는가에 따라 그것과 닮은 말이 따라온다. 따라서 마음과 다른 말을 하지 않기 위해서는, 복잡한 감정들 사이에서 '진짜 감정'을 인식하는 연습이 필요하다.

얼마 전 후배와 식사를 하고 있는데, 후배의 엄마로부터 전화가 걸려왔다. 전화를 받은 후배는 옥신각신하더니 "됐다고. 내가 알아서 해요!" 하는 말로 대화를 마무리하더니 고개를 숙인 채 전화기만 만지작거렸다.

"무슨 일 있어?"

"아뇨… 자꾸 음식을 해서 보낸다잖아요. 잘 먹지도 않는데."

"그랬구나. 그 말 들을 때 기분이 어땠는데?"

"죄송하죠. 몸도 안 좋으신데….'

"아. 짜증난 게 아니라 죄송한 거였구나."

"네? (순간 알아차리며) 아… 제가 짜증내는 데 익숙해졌나 봐요."

후배는 고마움과 미안함 대신 짜증이라는 감정의 문을 열었다. 짜증의 문고리를 돌리고 나니 그 감정에 맞는 단어와 말투가 뒤따라 나왔다. 만약 후배가 "엄마, 음식 보내지 마요. 자취하면서 안 챙겨 먹을까봐 걱정하시는 건 알아요. 근데 엄마 몸도 안 좋잖아. 보내주셔도 제가 잘 안 먹게 되니까 미안해서 그래. 엄마 걱정 안 하게 제가 스스로 잘 챙길게요." 하고 진짜 감정을 전했다면 관계는 어떻게 달라졌을까. 그 전화를 끊고 나서 엄마는 어떤 마음으로 하루를 보내게 됐을까.

무뚝뚝한 아버지 밑에서 감정을 절제하며 살았던 아들이 아버지에게 진심을 말하려면 어떻게 해야 할까. 일단 먼저 자신의 진짜 감정을 알아차려야 한다. 그 핵심 감정을 의식하지 않으면 두 사람 사이에 자리 잡은 익숙한 감정을 따라 결국 똑같은 대화를 반복하게 된다. 어색하고 쑥스러워서 그런 말은 못하겠다고 손사래를 치지만, 그것 역시 '부끄러움'이라는 익숙한 감정에만 귀를 기울이고 있다는 뜻이다. 숨바꼭질 중인 감정을 찾아내야만 마음속의 말을 할 수 있다. 적어도 후회하는 말을 줄일 수 있다.

감정을 제대로 다루지 못하는 사람일수록 욱하며 반응하거나 '좋아 혹은 싫어', '편안해 또는 불편해'로 감정을 이분화한다. 대화 중에 감정을 지각하는 능력을 키우려면 3초 동안 진짜 감정을 찾는 연습이 필요하다. 나는 이것을 '잠시 멈춤 질문'이라고 부른다. 감정이 출현한 그 순간 3초 동안 아래 질문을 되새기며 스스로에게 답하는 것이다.

'지금 이것은 어떤 감정일까?'
'이 감정이 내게 말하는 것은 무엇일까?'

후배의 통화 장면으로 되돌아가보자. 후배는 엄마의 전화를 받으면서 감정의 출현을 감지한다. 미간이 좁혀지고, 한숨이 나는 등등. 동시에 여러 감정들이 하나의 덩어리가 되어 쏟아지기 시작한다. 이때 습관적으로 '아, 정말 또!' 하며 짜증을 내기 전에 3초만 이런 질문을 던져본다면 아마 전혀 다른 결과가 나타날 것이다.

질문 : 지금 이것은 어떤 감정일까?
대답 : 짜증인가? 미안함인가? 아니면 고마움? 죄책감?

질문 : 이 감정이 내게 말해주는 것은 무엇일까?

대답 : 음식을 버리고 나면 엄마한테 미안하고 죄책감이 든다. 그것이 나를 불편하게 한다. 하지만 엄마는 나를 걱정해서 그러는 거니까 상처받지 않게 그 부분을 설명해야겠다.

이 방법을 이용하면 인식할 새 없이 흘러가버리는 감정을 객관화시켜 찬찬히 바라볼 수 있게 된다. 더불어 본질적인 메시지에 집중할 수 있게 된다.

당신은 하루에 몇 가지의 감정을 알아차리는가? 의식하지 않고 그대로 쏟아내는 습관적인 감정은 무엇인가? 서운함과 당황스러움을 어떻게 구분하고 느끼는가? 짜증과 불안의 감정을 명확히 다르게 인식하는가?

위의 질문에 답하기 위해서는 감정에 관심을 가지고 이름표를 달아주는 연습이 필요하다. 처음에는 낯설겠지만 가까이 지내고 싶은 친구의 이름도 모르면서 친해질 수는 없는 노릇이다.

3단계 '보유' : 어떻게 감정을 보관하고 조절하는가?

다음은 감정을 보유하는 단계다. 알아차린 감정을 무작정 쏟아내지 않고, 말 그릇 안에 보관하기 위해서는 감정에 압도당하지 않으면서 스스로를 진정시키는 능력이 필요하다. 감정을 주체하지 못하는 사람들은 부정적인 감정이 느껴지면 '다 네 탓이야!'라고 남을 원망하거나 반대로 '다 내 잘못이야.' 하며 자책감으로 무너지기 쉽다.

　말 그릇이 감당하지 못해 쏟아진 말은 대개 '후회'를 낳는다. 공간이 비좁아 새어나간 말은 정돈되어 있지 않기 때문에 누군가에게 상처를 주기도 하고, 당신에게 찾아올 좋은 기회를 날려버리기도 한다.

　그렇다면 감정을 보유할 줄 아는 사람들은 어떤 특징을 지녔을까? 꽤 오랫동안 이 질문에 대한 답을 찾아다녔다. 어떤 사람은 지나가는 말에도 열을 내고, 또 누군가는 꽤 기분 나쁜 말에도 동요하지 않는다. 어떤 사람에게는 '도저히 참을 수 없는 일'이 다른 사람에게는 '감당할 만한 일'이 되는 이유는 무엇일까? 그것은 개인의 자존감과 깊은 상관관계가 있다.

　자존감을 대중에게 처음으로 알린 미국의 심리학자 너새니얼 브랜든(Nathaniel Branden)은 그의 책 『자존감의 여섯 기둥』에서 자존감과 의사소통, 그 중에서도 감정의 상관관계에 대해 조명했다. 그는 자존감이 높은 사람일수록 다른 사람에게 관대하고 적절하게 의사소통할 줄 안다고 말했다. 자신의 생각이 가치 있다고 믿기 때문에 명확하게 표현하는 것을 두려워하지 않는다고 주장했다.

　반대로 자존감이 낮은 사람은 다른 사람과 의사소통할 때 모호하게 이야기하며 대화 중에 부적절한 반응을 보이기 쉽다고 한다. 자신의 느낌과 생각에 자신감이 없어서 상대의 반응에 쉽게 불안을 느끼는 것이다. 특히 자존감이 낮은 사람은 불안이나 불확실함처럼 부정적인 감정과 마주했을 때 쉽게 자신의 실체를 드러낸다.

반대로 자존감이 높으면 부정적인 감정을 받아들이고 다루고 극복하는 일을 어려워하지 않기 때문에 겁을 먹거나 압도당할 가능성이 적다.

감정을 품어내는 힘은 분명 개인의 자존감과 깊은 관련이 있다. 대화 중에 참지 못하고 무작정 감정을 쏟아내는 사람의 내면에는 낮은 자존감이 자리하고 있다. 체면 때문에 안 그런 척하지만 감정 앞에서는 허약한 자존감을 드러낸다.

"너 내가 우습게 보여? 어디서 감히!" 이런 식으로 감정을 분출하는 사람이라면 더 말할 것도 없다. 타인을 위협하고 있는 듯 보이지만, 실상은 감추고 싶은 무언가를 들킬까봐 겁을 먹고 있는 것이다.

부정이든 긍정이든 감정을 품어내고 다루는 일은 내가 괜찮은 사람이라는 '자기 존중'과 나는 할 수 있다고 믿는 '자기 효능감' 이 두 가지 심리적인 기반이 있어야 가능한 일이다.

물론 그 외에도 컨디션이 안 좋거나 극심한 시간압박, 집중을 방해하는 주변 환경 속에 있기만 해도 감정은 쉽게 출렁인다. 감정 역시 에너지 자원의 하나이기 때문에 충전 없이 사용만 하면 쉽게 닳아버린다. 참는 것, 버티는 것, 숨기는 것, 과도하게 사용하는 것 모두 감정을 방전시키는 일이다.

감정은 한 번 꼬이기 시작하면 금세 마음을 어지럽히고 시끄러운 소리를 낸다. 무작정 참는 게 능사는 아니다. 오히려 주도적으로 감정이 흘러갈 다른 길을 만들어줘야 한다. 이지영 저자의 『정서조절 코칭북』을 보면, 인지적·체험적·생리적·행동적 차원에서 감정을 조절하는 네 가지 방법이 자세하게 나와 있다.

먼저 인지적 방법에 대해 알아보자. 인지적 방법이란 '생각하는 방식을 바꿈으로써 감정을 조절하는 법'이다. 현재 마주한 상황을 이성적이고 합리적으로 생각하려고 노력하고, 상대의 기분을 객관적으로 이해하려고 애쓰면서 최대한 나에게 득이 되는 방향으로 사고하는 방법이다. 인지적 방법을 사용하는 사람들은 감정이 격하게 올라올 때, "저 친구도 사정이 있었겠지? 왜 그랬을지 생각해보자"와 같은 식으로 감정을 조절한다.

두 번째, 체험적 방법이란 '정서를 충분히 느끼고 표현함으로써 감정을 조절하는 법'이다. 불쾌한 감정이라도 피하지 않고 오히려 충분히 음미하는 것, 혹은 기분 좋은 상상을 하면서 감정을 전환시키는 것, 타인과 자신의 감정에 대해 이야기하면서 느낌을 공유하고 공감과 위로를 얻는 방법 등이 여기에 속한다. 일을 제대로 처리하지 못한 동료 때문에 마음이 상했을 때 현재 감정에 집중할 수 있도록 혼자만의 시간을 갖거나 그에게서 도움 받았던 일들을 떠올리며 감정을 진정시키거나 퇴근길에 친구와 한잔하면서 대화로 현재의 감정을 풀어낼 수 있다.

세 번째, 생리적 방법이란 '신체·생리적인 요소를 변화시켜서 감정의 변화를 만드는 법'이다. 복식호흡이나 명상을 하는 것, 기분이 좋아지는 그림이나 사진을 보거나 마음에 드는 차 한잔을 마시는 것 등을 말한다.

마지막으로 행동적 방법이란 '적극적인 움직임을 통해서 감정을 변화시키는 방법'이다. 음악을 듣거나 영화를 볼 수도 있고, 산책이나 운동 등 기분을 바꿀 수 있는 활동을 할 수도 있다. 혹은 적극적으로 사람을 만나서 조언을 구하고 도움을 요청하는 것도 이 방법에 속한다.

감정이 휘몰아칠 때는 여러 가지 불순물들이 떠올라 가장 깊은 곳을 들여다보기가 쉽지 않다. 하지만 어떤 것도 시간이 지나면 가라앉게 마련이다. 진흙이 떠올라 탁해 보이는 강물도 시간이 흘러 진흙이 바닥으로 가라앉으면 그제야 투명하게 그 속을 들여다 볼 수 있다. 그러니 좀 기다려야 한다. 폭풍처럼 거센 감정이 나를 압도하더라도 아주 잠시 동안-때로는 숨을 크게 몇 번 내쉬는 것만으로 충분하다-기다리면 떠올랐던 불순물이 가라앉고 그 사이로 진짜 감정이 얼굴을 내비친다.

자신에게 어울리는 '자기진정 스위치'를 발견해서 과열되었을 때 그 버튼을 누르고 잠깐 동안 멈출 수 있는 사람은 감정으로부터 자유로워진다. 감정에 휘둘리지 않기 때문에 해야 할 말과 하지 말아야 할 말을 가려낼 수 있다. 내 감정과 상대방의 감정 뒤에 숨은 마음을 알아보고 가장 적절한 말을 선택할 수 있게 된다.

방금 전, 다섯 살 난 아들은 또 '엄마 미워! 싫어!'를 외치며 안방 문을 쾅 닫고 들어가 버렸다. 거실에서 뛰지 못하게 했다고 대성통곡을 한다. 며칠 동안 감기로 고생한 아들을 돌보면서 시간을 쪼개 일했던 내 상태도 영 별로다. 감정 수위가 출렁출렁, 빨간 알람이 깜빡거린다. 하지만 나는 잠깐 동안 기다린다.

'그래, 아들은 아직 감기가 다 낫지 않았어. 게다가 오늘은 낮잠까지 걸렀어.'

5분이면 충분하다. 휘몰아친 감정이 가라앉고 나면, 아들은 다시 문을 열고 나와 엄마 주변을 뱅뱅 돌며 히죽 웃을 것이다. 그 웃음 한방에 내 감정도 본래의 수위로 내려갈 것이다. 아들도, 나도 그렇게 '자기진정 스위치'를 발견하게 될 것이다.

4단계 '표현' : 감정을 어떻게 말로 표현할 수 있을까?

이제는 보유한 감정을 언어와 비언어적으로 표현하는 단계를 알아보자. 여기서 핵심은, 오리지널 감정을 훼손시키지 않고 적절한 말로 전달해야 한다는 것과 상대가 이해할 수 있는 메시지로 표현해야 한다는 것이다. 예를 들어 "서운해"라고 말하면서 목소리가 높아지고, 매섭게 눈을 흘긴다면 그것은 서운함에 맞는 표현이 아니다. 마음을 알아달라는 눈빛과 호소하는 목소리로 말할 때 비로소 그것은 '서운하다'는 감정과 어울리게 된다.

감정표현이 서툰 사람들은 보드라운 감정도 송곳 같은 말로 전달한다. "고마워. 네 덕분이야."라고 말하면서 미소 지으면 그만인데, 민망하다는 핑계로 "그 정도는 누구나 할 수 있는 거 아니야?" 하고 말한다. 혹은 "무척 속이 상했어. 앞으로는 조심해주었으면 좋겠어." 하고 깔끔하게 말하면 그만인데 그것을 못해서 "너 같으면 기분이 좋겠니?"라고 정도를 넘어선 말을 한다.

오리지널 감정을 정확하게 표현한다는 것은 어떤 의미일까. 이런 상황을 떠올려보자. 오늘 당신은 고객 앞에서 중요한 프레젠테이션을 진행하기로 되어 있다. 그런데 현장에서 발표하려고 보니, 중요한 자료 하나가 보이질 않는다. 후배가 빠뜨린 것이다. 그럭저럭 끝마치기는 했지만 프레젠테이션을 하는 내내 마음이 좋지 않았다. 당황스럽고 불안했으며, 동시에 직접 다시 확인해 보지 않은 것이 못내 후회스러웠다.

그런 상황에서 당신은 후배에게 어떤 말을 하게 될까?

① 첫 번째 유형:

"야! 너 정신이 있니 없니! 얼마나 중요한 자료인지 몰라? 그 거 준비하느라 고생한 사람들이 몇 명인데. 도대체 무슨 정신머 리로 일을 하니!"

② 두 번째 유형:

"괜찮아… 그럴 수도 있지, 뭐."

③ 세 번째 유형:

"아, 정말 당황스러웠어. 중요한 자료인데 빠져 있어서 얼마나 마음 졸였는지 몰라! 너도 놀랐지. 하지만 다시는 이런 일이 생 기면 안 돼. 그 때는 지금처럼 그냥 넘어가지 않을 거야. 우리 다 음부터는 이런 일이 생기지 않도록 미팅 전에 한 번 더 확인하고, 서로 교대로 체크하자."

첫 번째 유형은 '폭포수형'이다. 기분이 나빠지면 마음에 담아두지 못하고 말을 쏟아내야 속이 후련해지는 스타일이다. 말의 물줄기가 워낙 세서 상대는 뒷걸음치고 만다. 사실 그것은 말이라기보다는 과도한 감정이 말의 형태로 쏟아지는 것이라고 볼 수 있다. 그것을 받아들이는 상대는 가시 돋친 말에 상처를 입고 나가떨어진다.

폭포수형에 해당하는 사람들은 스스로를 평가할 때 '뒤끝이 없고 쿨한 사람'이라고 말한다. 그러나 정확히 말하자면 이런 유형은 자신의 감정을 책임질 능력이 부족한 것이다. 그러면서 타인의 감정까지 경계 없이 휘저으려는 사람들이다.

두 번째 유형은 '호수형'이다. 이 유형의 사람들은 웬만해서는 감정 표현을 하지 않는다. 화가 나도 일정 수준에서 넘어가고 기쁜 일에도 적당히 좋아한다. 주변에서는 이런 사람을 두고 내성적인 사람이라고 말하기도 하고, 반대로 참을성 있고 속 깊은 사람이라고 말하기도 한다.

그러나 호수는 고여 있다. 물은 자연스럽게 흐르고 섞여야 하는데 움직이지 않고 고여 있으면 결국에는 썩게 된다. 감정을 무시하거나 묻어두는 일은 일종의 감정 노동이다. 장시간의 노동을 버틸 장사는 없다.

이런 유형의 사람들은 아주 오랜 시간이 지난 후에야 자신의 마음 깊은 곳에서 악취가 피어오른다는 것을 깨닫는다. '내가 참고 말지.', '말해서 뭐해.' 하면서 감정을 꾹꾹 눌러두면, 그것이 마음속에서 차고 넘쳐 결국에는 준비되지 못한 상태로 터져버린다. 아주 사소한 사건에도 욱하며 터지게 되어 있다.

참는 게 서로에게 좋을 것 같지만, 그것은 관계에 더 큰 갈등을 불러일으킨다. 상대방은 사과할 기회나 설명할 기회도 얻지 못한 채 죄인이 되어버린다. 감정은 담가두고 발효시키는 게 아니라 느끼고 표현하는 것이다. 감정을 딱 그만큼, 어울리는 양과 색으로 표현하는 일에는 언제나 약간의 용기가 필요하다.

마지막 유형은 '수도꼭지형'이다. 시원하게 혹은 따뜻하게 물의 온도를 선택하고, 사용하지 않을 때는 흐르지 않게 잠가두고, 또 필요할 때는 원하는 만큼 조절해서 사용한다. 상대방은 갑자기 쏟아지는 뜨거운 물에 데거나 난데없이 쏟아지는 찬물에 놀랄 필요가 없기 때문에 그와의 관계에 편안함을 느낀다. 이렇게 감정 표현이 정확한 사람은 목적에 맞는 말을 꺼내어 사용할 줄 안다. 놀란 마음에 엉뚱한 감정을 드러내지 않고, 해결해야 할 감정을 모르는 척 미루어두지 않는다. 말과 감정이 조화롭다.

더 나아가 타인과 감정을 나누는 게 자연스럽고 능숙하기 때문에 사람들의 감정을 배려하면서 해결을 위한 대안을 제시하는 것에도 능숙하다.

이렇게 감정을 제대로 느끼고 조절하고 표현할 줄 아는 사람을 이야기할 때 사용하는 심리학 용어가 있다. 바로 '정서지능(emotional intelligence)'이다. 정서지능이 높은 사람들은 자신의 감정을 진정시키고 목적에 맞는 대화를 이끌어낼 수 있다. 물론 자신의 감정뿐 아니라 다른 사람의 감정을 이해하면서 관계를 맺는 능력까지 뛰어나다.

'폭포수형'이라면 감정을 정확하게 느끼고 보유할 수 있는 힘을 길러야 하고, '호수형'이라면 감정과 정면으로 마주하고 명확하게 표현하는 연습을 해야 한다. 감정은 내다버리는 쓰레기도 아니고, 금고에 고이 숨겨 두어야 할 금덩어리도 아니다. 고장 나면 고치고, 하루에도 수십 번씩 틀고 멈추기를 반복해야 하는 생활필수품이다.

'출현-지각-보유-표현'의 과정들을 제대로 거치고 난 감정은 제 역할을 다하고 깔끔하게 사라진다. 이를 완결되었다고 한다. 감정의 주체에게 자신의 실체를 알리고, 충분히 음미하게 한 뒤, 목적에 맞는 말을 할 때까지 머물렀다가 홀가분하게 떠난다. 감정은 억지로 다루지 않으면 스스로 자신의 자리를 정리할 줄 안다.

나는 내 감정을 어떻게 알아차리는가?

나는 진짜 감정과 가짜 감정을 어떻게 구분하는가?

부정적인 감정과 마주할 때 나는 어떻게 자기 진정을 하는가?

나는 감정에 알맞은 말을 사용해서 표현할 줄 아는가?

감정은 선물이다

감정을 다루게 되면 내면에 솔직함과 자연스러움이 깃든다. 어색함과 억지스러움이 사라진다. 대화 중 생겨나는 감정이 부담스럽다고 피하거나 불필요한 방어나 공격을 하지 않게 된다. 감정을 신뢰하게 되면 말의 군더더기가 사라진다. 보유하고 표현하는 힘이 길러지면서 내면과 외면이 일치하게 된다. 그래서 당신의 말에 생기가 감돈다.

물론 타인의 감정도 기꺼이 껴안을 수 있게 된다. 감정 다루기가 서툰 사람들의 마음을 알아주고, 감정조절이 힘든 사람을 기다려주고, 표현이 미숙한 사람에게 좋은 본보기가 되어준다. 감정을 다룰 수 있다는 것은 불필요한 감정을 느끼지 않고 과잉된 감정을 짊어지지 않는다는 말이기도 하다. 그래서 예전보다 가벼운 마음으로 더 많은 사람들을 대할 수 있게 된다.

감정을 다룰 수 있는 사람들이 하는 말
"내가 실수했어. 진심으로 미안해."
"그렇게 말하니 부끄럽네. 내가 한 번 더 생각해야 했어."
"갑작스러운 부탁이라 당황스럽지?"
"미안해. 이번 부탁은 들어주기 어렵겠어."
"축하해. 나도 기쁘다. 정말 부러워."

감정에 서툰 사람들이 하는 말
"너라면 달랐을 것 같아?"
"다 알면서 말을 꼭 그렇게 해야 해?"
"(상대의 불편한 표정을 모른 척하며) 괜찮지?"
"왜 자꾸 나한테만 말해?"
"잘됐네. 그런데 요즘 그런 포상쯤이야….."

감정의 종류는 생각보다 많다.

감정을 표현하는 다양한 단어들을 찾아보고 '잠시 멈춤 질문'을 통해 찰나의 감정을 음미해보자. 알아차린 감정에 이름을 붙여보고, 그것이 진짜인지 위장된 것인지 알아보자. 어떤 감정이 자연스럽고, 어떤 감정이 불편하게 하는지 느껴보자. 무엇이 나를 견딜 수 없게 하는지도 알아보자. 감정은 생존과 번영을 위해 대가 없이 주어진 선물이지만, 건강한 상태로 잘 사용하려면 약간의 관심이 필요하다. 당장 덤벼들기보다는 평생의 친구를 대하듯이 조금씩 알아가는 게 좋다.

수치심을 다룬 『마음가면』이라는 책에 이런 구절이 있다.
"미친 듯이 바쁘게 살면 삶의 진실이 우리를 따라잡지 못할 거라고 믿는 사람."
어떤 것에 의존해 문제를 해결하고, 자신의 감정을 마비시키면서 그렇게 하면 자신이 원치 않는 부정적인 감정을 피할 수 있을 것이라고 믿는 사람을 뜻하는 말이다. 그러나 저자는 고통스러운 경험과 감정을 없애려고 노력할수록 사랑과 기쁨, 소속, 창의성, 공감과 관련된 좋은 경험도 무뎌진다고 지적한다.

"마음에 들지 않는 감정 한 가지만 골라서 마비시킬 수는 없다.
어둠을 마비시키면 빛도 마비된다."

살면서 느끼는 다양한 감정에 마음을 열어두자. 감정을 골라서 편애하지 말고 감정의 창문을 활짝 열어두자. 감정이 나를 위협할까봐 창을 꼭꼭 닫아도, 그것마저도 불안해서 사람들을 피해 꼭꼭 숨어 있어도 감정은 어차피 나를 찾아온다. 그러니 피하지 말자. 인생에서 겪게 되는 다양한 경험을 기꺼이 받아들이자.

그럼에도 불구하고 어떤 감정을 유독 견디기 힘들다면 그것은 그 감정이 과거의 특정 기억과 맞물려 있기 때문일 수도 있다. 기억에 각인된 어떤 사건이 지금까지도 당신에게 영향을 미치고 있는 것일지도 모른다. 아무리 노력해도 감정을 조절하기 어렵고, 벌겋게 부어 오른 마음이 진정되지 않는다면 이제는 자신의 머릿속에 각인되어 있는 공식을 살펴볼 차례다.

공 식 에   대 하 여

머릿속에
만들어진 공식

　대화를 하다 보면 종종 '나의 말'과 '상대방의 말'이 너무 달라 갈등을 일으킬 때가 있다. 처음에는 좋게 이야기해보려고 하지만, 어느새 언성은 높아지고 감정은 격해진다. 이런 상황을 지혜롭게 헤쳐 나가기 위해 필요한 것은 '머릿속 공식에 대한 이해'다. 한 사람의 특별한 공식과 감정은 실타래처럼 엉켜 있기 때문이다.

　우리는 살면서 마주하는 수많은 사건에 의미를 부여하고 스스로 결론을 내린다. 그것은 세상을 더 잘 이해하기 위한 다짐이기도 하고, 스스로를 지키기 위한 준비이기도 하다. 그리고 특수한 개인적 경험이 쌓일수록, 그것은 바뀌기 힘든 하나의 굳건한 '공식'이 되어 그 사람이 생각하고 말하는 방식에 영향을 끼친다.

예를 들어, 친한 친구에게 배신을 당한 사람이라면 '사람을 믿어서는 안 된다'는 공식을 품게 될 지도 모른다. 그때의 엄청난 충격, 어떤 보상으로도 치유될 수 없는 상처 때문에 스스로에게 경고 문구를 각인시켜 놓는다. 그리고 일단 '사람을 믿어서는 안 된다'는 공식을 가지게 되면, 상대방이 정말 믿을 만한 사람이라고 할지라도 예외로 두지 않는다. 새로운 사람들을 만나서 대화를 나누고 관계를 진전시켜야 할 때마다 '이 사람은 믿을 만한 사람일까?'를 끊임없이 검증하려 들 것이다.

어릴 때 부모로부터 칭찬과 격려를 충분히 받지 못한 사람이라면 유난히 다른 사람들의 인정에 목말라 할 수 있다. 채워지지 않은 심리적인 갈증 때문에 '인정받으려면 무엇이든 잘해야 해.', '작은 실패도 해서는 안 돼.'라는 공식을 가지게 된다. 이런 생각에 갇혀 있는 사람들은 작은 성공에 만족하지 못하고 스스로에게도 인색하다. 모든 일을 잘해내야 한다는 믿음 때문에 타인의 말이나 평가에 지나치게 반응한다. 나를 그대로 드러내는 대화는 피하게 되고, '나를 어떻게 생각할까', '이렇게 말해도 되는 걸까'를 염려하며 불안정한 관계를 맺어나갈 가능성이 높다.

그러나 이런 공식에 매어 있는 사람들조차 자신을 얽어맨 공식이 무엇인지, 그것이 어떤 계기로 생겨났는지, 관계 속에서 어떻게 갈등을 만들어내는지 알지 못한다. 정해진 것만 고집하고 새로운 관점을 받아들이지 못한다. 나와 다른 의견을 가진 타인이 불편하게 느껴지는 게 자신만의 '공식' 때문이라고는 생각하지 않는다. 오랜 시간 당연하게 착용해온 안경처럼 그것의 존재를 전혀 인식하지 못한다.

공식의 구조

A – B – C

Accident – Belief – Consequence

사건 – 믿음(공식) – 반응

동일한 사건을 두고서도 사람들은 서로 다른 언어적 · 신체적 · 심리적 반응을 보인다. 이것은 그 사건을 대하는 개인의 믿음, 즉 공식이 다르기 때문이다. 개인의 공식에 따라 대화 결과는 전혀 달라진다.

어떤 사람이 지나치게 강조하거나 고수하는 말을 자세히 들어보면 결국 그 사람을 지배하는 특정한 공식과 만나게 된다. 여기, 네 명의 평범한 직장인들이 모여 있다. 그들에게 "직장생활을 잘하기 위해 가장 중요한 것은 무엇일까?"라는 질문을 던졌다고 해보자. 그들은 어떤 대답을 내놓았을까? 그 대답들은 모두 같을까?

직장인 A

"직장생활 10년차예요. 저는 무엇보다 인간관계가 중요하다고 생각해요. 아무리 실력이 있어도 관계가 어려워지면 버티기 어렵고, 반대로 일이 힘들 때도 사람들이 도와주면 고비를 넘기게 되는 것 같아요. 결국 남는 것은 사람이에요."

직장인 B

"제 생각은 달라요. 인간관계도 중요하지만 결국 실력이죠. 제가 제일 싫어하는 사람이 사람만 좋고 무능력한 사람이에요. 주변에서 평은 좋을지 모르지만 같이 일하는 사람은 피곤해요. 민폐죠. 회사는 기본적으로 일하는 곳이잖아요."

직장인 C

"저는 무엇보다 태도가 중요하다고 생각해요. 실력이야 시간이 지나면서 조금씩 늘 수 있지만 마음가짐을 바꾸기는 쉽지 않잖아요. 성실한 사람, 실패해도 다시 해보려고 하는 자세, 그게 있어야 결국 힘든 직장생활도 오래 버텨낼 수 있겠죠."

직장인 D

"저는 직장 개념 자체가 달라졌다고 생각해요. 이제 한 곳에 목을 매는 시대는 아니잖아요. 그러니 자기를 계발하고 관리하는 게 가장 중요하다고 생각해요. 끊임없이 공부하면서 몸값을 올리기 위한 준비를 해야죠."

네 명은 모두 한 기업에서 일하고 있는 경력이 비슷한 또래 집단이다. 그러나 직장생활을 잘하기 위한 공식은 모두 달랐다. 첫 번째 사람은 '관계'를 강조했다. 그에게는 사람을 남기는 게 중요한 과제로 보인다. 두 번째 사람은 '실력'을 중요하게 생각했다. 일을 못하는 것은 민폐라는 표현을 자주 사용했다. 세 번째 사람은 '태도'를 꼽았다. 성실하고 겸손한 자세 없이는 큰일을 이루어낼 수 없다고 말했다. 마지막 사람은 '자기계발'을 강조했다. 변화 속에서 살아남는 생존자가 되기 위해서는 공부만이 살길이라고 했다.

네 사람이 이렇게 같은 질문에도 다른 반응을 보이는 이유는, 자신만의 관점이나 공식을 만들어낸 자신만의 사연이 모두 다르기 때문이다. 인간관계에 치여서 지독하게 힘들었거나, 실력이 없는 동료를 만나서 죽도록 고생해봤거나, 태도가 좋지 못한 누군가 때문에 마음고생을 했거나, 회사에 충성하다 배신 당하는 사람을 보았거나 등등. 나쁘거나 좋거나, 크거나 작거나 등 사건의 결과나 경중에 관계없이 그 특정한 사건은 그들에게 강한 인상을 남겼고, 시간이 흐르면서 그것은 '의심할 여지 없는 사실'로 자리 잡게 된 것이다.

그들이 가진 이러한 공식은 가까운 사람들과의 관계, 일상의 대화에 직접적으로 영향을 끼친다. 첫 번째 사람이라면 후배들에게 특히 '관계'의 중요성을 강조하게 될 것이다. 직장생활을 하면서 인간관계에 무심한 사람, 잇속만 챙기고 다른 사람의 일에 협조하지 않는 이들에게 까칠한 반응을 보일지도 모른다.

"야, 직장생활 그렇게 하는 거 아니야. 결국 남는 건 사람이다. 주변 좀 챙기면서 일해라."

"어떻게 자기 일만 딱딱 하면서 회사 다닙니까! 같이 협조하고 그래야죠."

이런 말을 하게 될 가능성이 높다.

두 번째 사람은 '능력'을 우선순위에 두고 있기 때문에, 실력을 키우려고 애쓰지 않는 후배들, 더 높은 곳을 향해 치열하게 도전하지 않는 사람들, 성과를 내지 못하는 동료들이 못마땅할 수도 있다. 그렇다면 아마 이런 말을 자주 하게 될 것이다.

"열심히는 누구나 하는 거지. 실력으로 증명해."

"그 정도로 만족하면 되겠어?"

세 번째 사람은 실력이 부족한 사람에게는 기회를 주어도, 태도가 좋지 못한 사람에게는 혹독하게 굴 가능성이 있다. 태도가 모든 것을 말해준다고 생각하는 이상, 누군가가 태도와 관련된 실수를 했다면 그냥 지나치지 못할 것이다.

"태도가 좋아야 결과도 좋은 법이야. 출근시간 30분 전에는 자리에 앉아 있고, 회의시간에도 5분 전에는 반드시 들어오도록 해. 매사에 준비하는 자세를 보이도록!"

"너는 공부하는 태도가 그게 뭐야, 하나를 보면 열을 안다고 했어!"

마지막 사람은 다소 관조적인 입장을 취할 수 있다. "어차피 회사는 잠시 머물다 가는 곳이야. 알아서 경력관리 잘하면서 미래를 준비해야지. 아무도 너를 책임져 주지 않아."라고 후배들을 가르칠지도 모른다.

만약 네 사람이 한 팀으로 일하게 된다면 어떤 상황이 벌어질까? 미리 예상할 수 있는 갈등은 무엇일까? 아마 네 사람은 각자의 공식에 따라 일하는 방식을 선택하고 사람을 평가하게 될 것이다. 당연히 서로의 차이는 도드라지고 의견을 나눌 때마다 잡음이 따라붙게 된다. 따라서 얼마나 서로의 공식을 존중하면서 커뮤니케이션 하는가에 따라 팀의 분위기와 과정의 효율, 결과물의 수준이 모두 달라질 수밖에 없다. 만약 서로의 공식을 모른 척하거나 무조건 무시하려고 하면 소위 '사람 때문에 일 못하겠다'는 말이 나오게 될 것이다.

공식의 차이가 오해를 부른다

얼마 전 기업 프로젝트를 위해 다른 두 명의 전문가와 공동작업을 진행한 적이 있었다. 약 3개월간에 걸친 협업이었는데 첫 미팅에서부터 각자의 개성이 확연히 드러났다.

A는 외향적이고 사교적인 사람이었다. 본론으로 들어가기 전에 친밀감을 높이는 대화를 즐겨 사용했고 사람에 대한 관심을 적극적으로 드러냈다. B는 상대적으로 사고형의 내향적인 사람이었다. 개인적인 질문에는 불편한 기색을 보이며 거리를 두고 싶어 했고, 감정을 자제하면서 일과 관련된 대화에만 집중했다.

첫 만남 후 우리는 온라인에서 몇 차례 더 회의를 진행했다. 업무 중반으로 넘어가면서 작업 속도가 늦어지고 문제해결이 매끄럽지 않아 중요한 의사결정이 꼭 필요한 시점이었다. 그런 순간에 우리는 이런 대화를 주고받았다.

B : 어려운 것은 다 마찬가지예요. 개인적인 사정을 지금 꼭 같이 나누어야 하나요?

A : 네? 아니 저는 그게 아니라 상황을 공유하고 싶은 마음에….

B : 각자 바쁘니까 오늘은 업무 분담만 명확히 하고 마무리 하시죠.

A : 네… 그러시죠.

어색한 회의가 끝나고 A는 내게 전화를 걸어 B를 향한 서운함을 드러냈다. 어떻게 사람이 저렇게 냉랭하고 인정이 없냐며, 저런 식이면 다른 사람과 함께 일하기 힘들다고 하소연을 했다. 다음날 B 역시 내게 전화를 해서 A를 향한 넋두리를 꺼냈다. 개인적인 감정을 지나치게 드러내 산만하게 만든다며, 일 진행이 힘들다고 난색을 표했다. 나는 그 사이에서 서로의 입장을 대변해 주느라 진땀을 뺐다. 그러나 중간에서 관계를 개선시키려던 내 노력은 전혀 효과가 없었다. A는 자신의 편을 들어주지 않는 것을 서운해 했고, B는 나의 명쾌하지 않은 입장정리를 불쾌해 했다. 나 역시 그런 노력을 몰라주는 두 사람이 서운해서 볼멘소리를 했다.

세 사람 다 각자 분야에서 알아주는 전문가들이다. 의심할 여지 없이 모두 목표를 위해 최선을 다했다. 그러나 대화를 할 때마다 크고 작은 오해들이 생겨나 결국 아쉬운 결과를 남기고 말았다. 나중에야 일을 시작하기에 앞서 먼저 각자의 공식이 얼마나 다른지 알아보고 이해하는 자리를 가졌어야 했다는 것을 깨달았다.

"제가 일을 할 때 소소한 이야기가 많은 편이에요. 친해져야 일도 잘 된다고 생각해서 그런 거니까 불편하면 말씀해주세요. 대화로 해결할 수 있다고 생각해요."

"자세한 설명 고마워요. 하지만 저는 일이 먼저 정리가 되지 않으면 예민하고 조급해져요. 우선 업무 분장과 일정 세팅을 하면 어떨까요."

"회의할 때마다 미묘해지는 분위기에 마음이 불편해져요. 그럴 때마다 '제가 무엇을 더 해야 하나' 싶은 생각이 들거든요. 각자 업무 방식의 차이를 인정하고 명확하게 커뮤니케이션 했으면 좋겠어요."

이렇게 각자의 공식을 풀어냈다면 어땠을까? 하지만 우리는 그런 자리를 갖지 못했고, 상대방을 이해할 수 없는 사람, 무능력하고 부족한 사람으로 생각하면서 공감대를 잃어버리고 갈등을 키워나갔다.

A는 "친밀한 관계가 좋은 성과를 만든다"는 공식을 가지고 있

었기에 작은 사건도 나누면서 공감하고 싶어 했다. 그러나 B에게 는 말이 많고 일에 집중하지 못하는 가벼운 사람으로 비춰졌다. B는 "효율적인 일방식이 성과를 높인다"는 공식을 가지고 있었 기에 우선순위 정리와 시간관리가 되지 않으면 불안해했다. A의 입장에서 보면 고리타분한 원칙주의자이자 다시는 만나고 싶지 않은 인간미 없는 사람이다. 그 사이에서 나는 "좋은 사람이 되 어야 한다"는 나만의 공식을 지키느라 양쪽을 오가며 필요 이상 의 노력을 했다. 당연히 투명하고 솔직하게 속마음을 이야기하지 못했다. A와 B의 입장에서는 내가 말이 다른 박쥐처럼 느껴졌을 것이다.

이런 일은 일상에서 부지기수로 일어난다. 도저히 이해할 수 없는 상사, 짜증을 유발하는 동료, 자꾸 잔소리를 하게 만드는 후 배. 하지만 그런 사람들이 있다는 것 역시 나조차 이러저러한 이 유로 갖게 된 나만의 공식을 통해 사람들을 바라보고 해석하고 있다는 뜻이기도 하다. 우리는 각각의 공식의 차이를 받아들이지 못하고 "걔 때문에 미치겠다"고 하소연한다. 급기야 "나는 너를 도저히 이해할 수 없어!"라는 말로 상대를 몰아세운다. 그 기저 에는 자신이 옳고 상대방은 틀렸다는 전제가 깔려 있다. 할 수만 있다면 네 생각을 뜯어 고치고 싶다는 바람이 들어 있다.

그러나 한 사람이 하나의 공식을 얻기까지는 꽤 오랜 세월이 걸린다. 그러니 각자가 쌓아온 공식의 간극을 몇 마디 말로 일치시킨다는 것은 피를 나눈 형제자매라도 어려운 일이다. 함께 살았다고 해서, 논리적으로 충분히 설명했다고 해서 몇 십 년 다른 길을 걸어왔던 말이 갑자기 만나 부둥켜안기는 어렵다. 누군가의 공식을 말로 바꾸는 것은 산을 들어서 옮기는 것만큼이나 어려운 일이다.

그런데도 우리는 가까운 사람의 생각을 너무 쉽게 바꾸려 든다. 또한 상대방이 나의 공식을 무시할수록 더욱 고집하고 싶어진다. 부정할수록 나만의 공식을 지키기 위한 힘겨루기를 시작한다. 그런 상황에서는 대화만 했다 하면 "됐어! 너한테 이야기한 내가 미쳤지! 다시는 말하나 봐라!" 하며 다투게 된다.

부모자녀 간에 가장 쉽게 찾아볼 수 있는 공식의 차이는 이런 것이다.

"내가 못한 거 네가 대신 해내야지." vs "아무리 가족이라도 각자의 인생이 있는 거예요."

"안정적인 직업을 찾아야지." vs "하고 싶은 일을 하면서 살 거예요."

부부 사이에는 어떨까.

"남자와 여자의 역할은 달라." vs "요즘 세상에 남녀 구분이 어디 있어?"

"부부라면 무엇이든 공유해야지." vs "부부라도 서로의 자유를 인정해줘야지."

조금만 관심을 가지고 주변의 대화를 살펴보면 서로의 공식들이 치열하게 다투고 있는 현장을 발견할 수 있다.

"결혼 잘해서 행복한 게 최고야." vs "일로 성공해서 보란 듯이 사는 게 제일이지."

"돈이 있어야 무시당하지 않지." vs "돈만 있으면 뭐해? 마음이 편해야지."

"최선을 다하는 것이 중요해." vs "결과로 답을 해야지."

"즐거운 일을 할 거야." vs "보상이 큰 일을 해야지."

"내가 먼저 행복해야 해." vs "가족의 행복이 우선이야."

우리는 어떤 공식들에 묶인 채 가까운 사람들과 갈등을 만들고 있을까?

서로 다른 공식을 지니고 살아가고 있지만, 그럼에도 불구하고 말 안에 사람을 담아내고 싶다면 스스로에게 물어야 한다. 내가 평소에 자주 하는 말, 주변에 잔소리하듯 되풀이하는 말은 무엇인가? 사람들과 대화할 때 좀처럼 이해하기 어려운 말, 참지 못하고 자꾸 끼어들게 되는 말, 예민하게 반응하고 발끈하게 되는 말, 잦은 의견 차이를 만드는 말은 무엇인가? 그 사이 어딘가에 당신의 공식이 숨어 있다.

나도 너도
꽤 괜찮은 사람

거실에서, 사무실에서, 회의실에서, 술자리에서 자꾸만 부딪치는 우리의 공식들. 기호나 취향의 차이부터 가치와 신념의 차이에 이르기까지 우리는 크고 작은 '다름'을 경험한다. 그리고 다른 사람과 의견이 충돌할 때 보통 사람들은 대개 아래와 같은 두 가지의 자세를 취한다.

· 무시하거나
· 강요하거나

몇 번 설득해도 소용이 없으면 무시해버린다. 이것은 인정과는 다르다. 무시란 '네가 그러니까 이 모양이지.', '네가 알아들을 수나 있겠니.' 하고 생각하면서 더 이상의 대화를 진전시키지 않는 것을 말한다. 속으로는 '두고 봐라, 누구 말이 맞는지' 하면서.

반면에 강요하기란 나의 생각이 옳다는 것을 증명하기 위해 무조건 밀어붙이는 방식이다. 상대방에게 어떤 사정이 있는지, 내 의견을 받아들일 준비가 되어 있는지 알아보는 것은 안중에도 없다. 오로지 내 의견이 관철되는가만 중요할 뿐이다. 나의 말이 그를 굴복시킬 수 있는지에만 관심이 있다.

반면 말 그릇이 넉넉한 사람들은 한 사람의 공식 안에는 그들만의 사정이 있음을 알고 있다. 각각의 공식에 관심을 보이고 그것이 무엇인지를 알아보려고 노력한다. 내 생각과 다른 생각을 들을 때도 쉽게 대화를 포기하지 않고, 상대의 공식을 먼저 찾으려고 노력한다. 그래서 그들은,

· 질문하고
· 인정한다

한 사람의 공식 속에는 숨겨진 배경과 충분한 이유가 있게 마련이다. 그 삶을 직접 살아보지 않고 공식의 가치를 논할 수는 없다. 따라서 말 그릇이 큰 사람들은 '좁힐 수 없는 차이'를 자연스

럽게 받아들인다. 대화를 진전시키기 위해서는 먼저 상대방의 공식이 무엇인지, 그렇게 생각하게 된 이유가 무엇인지에 대해 관심을 가져야 한다는 것을 알고 있다. 상대방의 세계로 들어가지 않고서는 어떠한 말로도 영향력을 끼칠 수 없음을 기억한다. 따라서 다음과 같은 질문을 즐겨 사용한다.

"그렇게 생각하는 이유가 뭐야?"

"구체적인 계기가 있었어?"

"네 결정에 영향을 준 기준은 뭐야?"

질문을 통해 내막을 듣게 되면, 동의할 수는 없을지라도 인정할 수 있는 여유가 생긴다. '나도 그렇게 생각해.'라고 말할 수는 없어도 '그런 사정이 있었구나.', '네 입장에서는 그렇게 생각할 수 있었겠네.' 하며 인정해주는 것은 가능해진다. 내게도 나름의 공식이 있듯이 타인에게도 고유의 공식이 있다는 것을 받아들이게 된다. 그러니 자신의 생각을 이야기하더라도 강요하지 않는다. 조언은 하지만 밀어붙이지는 않는다.

하지만 나의 결정이나 선택은 옳고, 너의 판단은 부족하다는 생각을 품고 있으면 타인의 공식을 배려하기 어렵다. '너는 아직 멀었어.' 하고 무시하는 마음을 갖고 있다면 아무리 위와 같은 질문을 사용한다고 해도 달라지는 것은 없다.

타인의 말을 담는 그릇이 넉넉하려면 한 가지 공식에 묶여 있지 않고 자유로워야 한다. 소신 있게 의견을 제시하되 그것이 관점에 따라 충분히 다르게 해석될 수 있다는 것을 이해해야 한다. 내게는 값진 보석이지만 타인에게는 발에 차이는 돌덩이가 될 수 있다는 것, 혹은 그 반대의 상황이 되기도 한다는 것을 받아들여야 한다. 그것을 알아야만 크고 작은 차이들을 조정하고 갈등을 통합해나갈 수 있다.

차이는 분명 갈등을 만들어낸다. 우리는 죽는 날까지 그것을 피할 수는 없다. 그러나 우리가 마주하는 수많은 공식의 차이가 결국 '인간성과 우열'의 차이가 아니라 '경험과 공식'의 차이라는 것을 알면 한결 마음이 부드러워진다.

교류분석(Transactional Analysis)이론을 보면, 사람이 사람을 대하는 방식에는 크게 OK 방식과 NOT OK 방식이 있다고 설명한다. OK 방식이란, 상대방에게도 이해받을 만한 동기가 있고 잘 해내고 싶은 욕구가 있으며 최선을 다하고자 하는 실행의지가 있다는 것, 즉 상대방을 '꽤 괜찮은 사람'으로 생각하는 태도를 말한다. 반대로 NOT OK 방식이란, 받아들일 수 없는 이유를 대면서 변명하고, 나태하고 게으른 태도를 가지고 있으며, 실행력 없고 무능력한 사람으로 상대방을 바라보는 태도를 뜻한다. 즉 상대방을 미리 '별로인 사람'으로 규정해버리는 것이다. 그리고 대부분의 사람들은 너무나 자연스럽게 자신은 OK 방식으로 바라보면서, 상대방은 NOT OK 방식으로 바라보곤 한다.

"네가 할 수 있겠어?"
"다 너 때문이야."
"그럴 줄 알았어."
"걔가 원래 좀 그래."
"뭐가 달라지겠어?"

이런 태도를 가진 사람들은, 나의 경험과 지식을 지나치게 신뢰하고 그것에 대해 의심하지 않기 때문에 상대방의 공식을 터무니없는 것으로 취급하기 쉽다. 그러니 질문하지 않고 경청하지 않는다. 혹여 질문을 하더라도 이미 답이 정해진 유도 질문이거나 자신의 생각을 강요하기 위한 시험 질문인 경우가 많다. 반면 상대를 OK 방식으로 바라보는 사람들은 이런 말을 즐겨 사용한다.

"잘 해보고 싶었을 텐데 속상하겠네."
"우리가 함께 책임져야 할 일은 뭘까?"

"앞으로 더 해보고 싶은 게 있니?"

"무슨 사정이 있었을 거야. 내게 말해줄 수 있니?"

"어떻게 도와주면 될까?"

당신의 공식도, 타인의 공식도 만들어졌을 당시에는 그럴 수밖에 없는 이유가 있었다. 힘든 상황에서 버티고 살아남기 위해, 다시는 같은 실수를 반복하지 않기 위해 우리는 자신만의 공식을 만들어낸다. 타인의 눈에는 부족하고 부적절해 보일 수 있지만 감히 비난하고 몰아세울 일은 아니다.

어제보다 괜찮은 사람이 되어간다는 것은 완벽해지고 있다는 뜻이 아니라 NOT OK에서 방황하는 시간보다 OK에서 머무르는 시간을 조금씩 늘려간다는 뜻이 아닐까.

그러기 위해서 다양한 공식을 가진 사람들과 어울리면서 선입견을 조금씩 부수는 게 좋다. 그러한 시도를 두려워하지 말자. '불편함' 뒤에 있는 '다양함'을 즐겨보자. 삶의 반경을 넓혀주는 다양한 책들을 가까이 해보자. 그것이 결국 '나도 너도 괜찮은 사람이야.'라고 고개를 끄덕일 수 있게 도와준다. 그것이 당신의 말 그릇을 키우는 자양분이 된다.

도무지
이해할 수 없을지라도

물론 상대방의 공식이 비상식적으로 느껴지는 순간들도 있다. '저렇게 까지 해야 하나, 수준이 저것밖에 안 되나.' 하고 생각하게끔 만드는 순간들. 그러나 그마저도 어쩔 수 없는 사정에 의한 것임을 알게 되면 마음이 조금은 누그러지게 된다.

어느 책에서 읽었던, 실제로 미국에서 일어났던 미담을 소개하려고 한다. 이야기는 이렇다.

한 남자가 톨게이트에서 다음 차의 통행료를 대신 내주었다. 그랬더니 '앞 차에서 이미 지불했다'는 이야기를 들은 뒤차의 운전자 역시 주저하지 않고 그 다음 차의 통행료를 대신 내주었고 그 행렬이 꽤 오래도록 지속되었다는 내용이다.

그 이야기를 알고 있었던 나의 지인은, 용감하게도 그 선행을 직접 실행해보기로 결심했다. 용인 주변의 한 톨게이트, 그는 설레는 마음으로 다음 차의 통행료를 대신 지불했다. 과연 다음 차도 그와 같은 선행을 이어갈 것인가? 책에 나왔던 미담처럼 이 선행도 훈훈한 일화로 남게 될 것인가? 그렇게 통행료를 대신 지불하고 앞서 가고 있는데, 갑자기 톨게이트를 빠져나온 뒤 차량이 경적을 울리며 쫓아오더라는 것이다. 할 말이 있으니 속도를 낮추라는 신호 같아서, 차량이 뜸해진 틈을 타 옆으로 붙는 그 차량과 보조를 맞추었다고 한다. 그랬더니 상대방이 창문을 내리라는 수신호를 보냈고, 그가 미소를 지으며 창문을 내리자마자 상대편 운전자가 이렇게 소리쳤다.

"야! 이 새끼야, 네가 뭔데 돈을 내줘! 어디서 돈 자랑이야!"

순식간에 통행료 900원 내주고 돈 자랑하는 나쁜 놈이 되었다. 지인은 너무 당황한 나머지 사과하고 도망치듯 그 자리를 피했지만 운전하는 내내 당황하고 속이 상해서 억울한 마음까지 들었다고 한다.

나의 지인에게 욕을 퍼부은 그 사람은 타고난 성격이 원래 괴팍한 걸까? 아니면 그날 유난히 힘들어서 감정조절이 안 된 걸까? 이유야 알 수 없지만 그의 말을 통해서 그가 얽매여 있는 공식에 대해 조심스럽게 추측해볼 수는 있다.

아마도 그는 과거에 돈 때문에 심한 상처를 받았거나 다른 사람의 도움을 받는 것과 관련한 일로 자존감을 다쳤을지 모른다. 그러는 동안 '돈이 없으면 무시당한다.', '도움을 받는 것은 수치스러운 일이다'는 생각이 머릿속에 깊이 박혔고, 그 공식을 건드리는 사건을 만날 때마다 필요 이상으로 분노하게 되는 것일지도.

관계를 소원하게 만드는 공식은 사람의 수만큼 다양하다. 무슨 일이든 타인의 잘못으로 돌리는 공식을 가진 사람은, 어떤 상황에서도 자신을 불쌍하고 가여운 희생양으로 만든다. 다른 사람들을 비난하고 원망하는 데 소중한 시간을 낭비한다. 동시에 '나는 능력이 부족해. 할 수 있는 게 없어'라는 공식에 얽매여 주체적으로 살지 못하고 뒤로 물러나 주변에 의지한다.

그런가 하면 '세상은 위험한 곳이야. 조심해야 해'라는 생각 때문에 늘 불안해하며 옴짝달싹 못하고 사는 사람들도 있다.

무엇인가를 시작할 때마다 '무조건 이겨야 해. 지는 건 실패한 거야'라는 공식 때문에 오히려 섣불리 발을 떼지 못하고 압박에 시달리며 스스로를 들볶는 사람들도 있다.

후배가 인사를 하지 않았다고 크게 화를 내는 사람이 있다고 해보자. 미처 자신을 못 봤을 수도 있고, 눈이 나쁜 것일 수도 있는데 앞뒤 따지지 않고 '나를 무시해?' 하고 화를 낸다면 아마 '거절'에 대한 잘못된 공식이 작용하기 때문일 것이다.

자신의 보고서가 거절당했을 때 '이깟 회사 때려치워야지.' 하고 크게 화를 내거나 절망하는 사람도 마찬가지다. 하나의 사건으로 받아들이지 못하고 '나를 거절하는 것'으로 받아들여 필요 이상으로 감정을 분출하면, 자신도 상대방도 상처를 입게 된다.

사람들과 어울리려는 노력은 하지 않으면서 나만 빼고 간식 먹은 일, 술자리에 부르지 않은 일들만 기억하며 '역시 나를 좋아하지 않아'라는 공식을 끌어안고 살아가는 사람들도 있다. 그럴수록 관계는 멀어지고 자신은 점점 더 고립된다.

이렇게 비상식적인 공식에 따라 행동하는 사람이 주변에 있다면, 당신은 그와 싸울 수도 있고 설득할 수도 있으며 무시할 수도 있다. 그것은 선택의 문제다. 그러나 중요한 것은 살면서 이런 사람들과의 만남을 피할 수 없다는 데 있다. 정도의 차이만 있을 뿐, 우리는 누구나 상대적으로 비정상적이기 때문이다.

너의 공식, 나의 공식

얼마 전 커피숍에서 있었던 일이다. 원고를 쓰려고 앉아 있는
데 잠시 후 중년의 커플이 옆 테이블에 자리를 잡는다. 그러더니
점점 언성을 높인다. 나는 그들이 나누는 '말'에 자꾸만 마음이
쓰였다.

"여보, 우리 둘째 말이야. 이대로 두면 안 될 것 같지 않아?"

"둘째가? 뭘?"

"사교성이 떨어지잖아. 그게 어디 중학교 1학년의 태도냐고."

"에이, 남자애들은 원래 그래."

"또 그 소리! 그런 문제가 아니라니까! 걔는 초등학교 때부터
친구가 없었다고."

"성격이 그런 걸 어떡해? 그리고 다 한때야, 큰 문제 아니라고.
당신이 너무 예민해."

"아니, 여보. 이게 남 일이야? 최소한 부모가 노력을 해야지!"

여자는 둘째 아들의 사회성에 문제가 있는 것 같으니 같이 방
법을 찾아보자고 주장했고, 그 말을 들은 남자는 별일 아니니 소
란 떨지 말라고 일축했다. 시간이 지날수록 여자의 목소리는 높
아졌고, 남자의 목소리는 점점 느리게 낮아졌다. 그러더니 가슴

속에서 천불이 나는지 여자가 쌩하니 자리에서 일어섰다. 그러고
는 주변 사람들에게 다 들릴 만한 목소리로 남편을 향해 말했다.

"당신 정말 이상해! 하긴 애가 당신 닮아서 그런 거지, 뭐! 같
이 상담 좀 받아봐!"

사실 남편은 처음부터 부인의 기분을 알아채지 못했다. 조급
해 안달이 나 있는 부인과는 달리 소파에 푹 파묻힌 채 앉아 있
던 남자는 대화 내내 심드렁한 태도를 취했다. 상대방에게 중요
한 주제를 소홀히 다루고 있었고, 자신의 입장을 고수하는 말만
반복했다. 그것은 '노련한 무시'처럼 보였다. 그리고 그러한 태도
를 본 여자는 더욱더 화를 내기 시작했다.

물론 부인 역시 자신의 주장만 반복했다. 이미 답은 정해져 있
었고, 남편이 자신의 의견에 동의하지 않자 끝내 남자를 '사회성
없는 이기적인 아빠'로 취급했다. 남편이 가지고 있을 법한 정당
한 사유를 알아보려고도 하지 않았다.

나는 그들의 말 속에서 각기 다른 공식을 발견해낼 수 있었다.
부인은 또래 관계를 중요하게 생각했다. 많은 친구들과 활발하게
어울리는 것이 잘 성장하고 있는 증거라고 믿었다. 하지만 남편
은 부인에 비해 말수가 적고 내성적인 사람으로 보였다. 그래서

인지 개인의 성향차이를 중요하게 생각하는 것 같았다. 물론 두 사람은 자신의 주장만 반복할 뿐 상대방의 공식에는 관심이 없었다. 그들의 대화에는 질문이 없었다. 아마도 커피숍에 들어올 때까지 공유했을, '함께 노력해서 아들의 사회성을 키워보자'는 마음은 온데간데없이 사라졌고, 결국 그들의 대화는 비난과 방어로 끝을 맺었다. 그들은 둘째를 위한 방법을 찾지도 못하고 자식농사가 얼마나 힘든지 서로의 마음을 위로하지도 못한 채 그저 '말이 안 통하는 저 인간 때문에 그동안 얼마나 외로웠던가!'만 확인하고 말았다.

상대를 '적'으로 만들고 싶다면 나의 공식만 고집하면 된다. 반대로 성숙한 대화를 하고 싶다면 사람마다 가진 공식의 차이를 받아들여야 한다. 차이를 '문제'로 바라보지 않고 같이 풀어야 할 '과제'로 바라볼 때, 당신의 말 그릇은 흔들리지 않는다.

나의 공식
발견하기

일단 내가 가진 공식을 발견하는 연습부터 해야 한다. 당신의 공식도 누군가에게는 비정상적인 것일지도 모른다. 어떤 공식들이 나의 말을 주도하고 있는지, 어떤 한계를 만들고 부작용을 남기는지 알아봐야 한다. 그렇게 나의 공식을 알게 되면 그 후에는 자연스럽게 타인의 공식을 알아볼 수 있는 능력이 생기게 된다.

공식을 찾는다는 것은, 내가 중요하게 생각하는 기준들을 인지한다는 뜻이다. 따라서 내가 지키고 싶은 것, 해내고 싶은 것, 참을 수 없는 것, 모순을 가진 것, 넘어서야 하는 것들을 찾다 보면 내가 지닌 공식들을 어렴풋이 알 수 있게 된다.

일단 머릿속의 생각들을 문장으로 만들어 가만히 바라보자.

아래 문장을 읽고 빈칸을 채워보는 게 도움이 될 것이다. 정해진 답은 없다. 예시를 참고해서 평소 당신의 머릿속에 떠돌던 생각들을 언어로 정리해보면 된다. 여기에 필요한 준비물은 솔직함뿐이다.

예시 :
나는 관계에서 가장 중요한 것은 서로 믿어주는 것이라고 생각해.
나는 관계에서 가장 중요한 것은 각자의 경계를 존중하는 것이라고 생각해.
나는 관계에서 가장 중요한 것은 주고받는 것이라고 생각해.

나는 내가 무엇에 관해 남보다 많이 안다고 느낄 때 근사해 보여(마음에 들어).
나는 내가 어려운 일에 도전해서 해냈을 때 근사해 보여(마음에 들어).
나는 내가 멋진 모습으로 사람들에게 주목받을 때 근사해 보여(마음에 들어).

내가 지금보다 성장하려면 남보다 잘해야 한다는 생각을 뛰어넘을 필요가 있어.
내가 지금보다 성장하려면 계획대로 해야 한다는 생각을 뛰어넘을 필요가 있어.
내가 지금보다 성장하려면 아직도 부족하다는 생각을 뛰어넘을 필요가 있어.

공식을 발견하기 위한 나만의 문장 완성하기:

1)

나는 관계에서 가장 중요한 것은 _____ 라고 생각해.

나는 직장생활을 잘하려면 반드시 _____ 해야 한다고 믿어.

나는 사람이 살면서 _____ 만은 지켜야 한다고 생각해.

나는 일을 할 때 꼭 _____ 것을 우선순위로 두어야 해.

내가 사람들과 갈등이 생기는 이유는 대개 _____ 때문이야.

최근에 누군가가 불편했던 이유는 _____ 때문이야.

나는 누군가에게 _____ 라는 말을 들을 때 힘들어.

나는 _____ 한 사람들과 대화하기가 (관계를 유지하기가) 불편해.

나는 주변 사람들에게 _____ 라는 이야기(평가)를 듣곤 해.

나는 OO라면(선배/후배/친구/부부라면) 모름지기 _____ 해야
한다고 생각해.

2)

나에게 큰 영향을 주었던 사건은 _____ 야. 그것은 나에게 _____
_____ 라는 교훈을 주었어.

나는 이 세상은 _____ 한 곳이라고 생각해.

내가 여기까지 올 수 있었던 이유는 언제나 _____ 라고 믿었기 때문이야.

나는 인생을 살면서 힘이 들 때 _____ 라는 말을 떠올려.

내가 정말 행복할 수 있으려면 _____ 해야 한다고 생각해.

나는 언젠가 반드시 _____ 하고 말 거야(이루어낼 거야).

내 삶에서 _____ 하지 않는다는 것은 상상할 수 없어.

나는 내가 _____ 할 때 근사해(마음에 들어).

나는 내가 _____ 할 때 싫어(실망스러워).

나는 _____ 하는 상황에서 더 예민해져(불안해져/슬퍼져).

3)

나의 부모님은 내게 늘 _____라고 말씀하셨어.

내가 우리 가족에 관해 가장 이해할 수 없는 것은 _____야.

나는 가족 내에서 항상 _____ 역할을 담당해왔어. 그것은 나를 _____ 하게 만들었지.

누가 내게 인생의 모토를 묻는다면 _____라고 대답할 거야.

아마 사람들은 나의 _____라는 생각을 이해할 수 없을지도 몰라.

내가 만약 나답지 않은 행동을 한다면 _____가 될 거야.

내가 가진 한 가지 생각을 바꿀 수 있다면 _____했으면 좋겠어.

내가 지금보다 성장하려면 _____라는 생각을 뛰어넘을 필요가 있어.

내가 살면서 바꾸기 어려운 것 중 한 가지는 _____라는 생각이야.

내가 반드시 _____해야 한다는 생각을 버리면 마음이 조금 가벼워져.

이 작업을 여러 번 반복해보길 바란다. 한 문항에 꼭 한 가지 답만 해야 하는 것은 아니다. 여러 가지 문장을 만들어보아도 좋다. 문장의 형태에 갇혀 있지 말고 얼마든지 바꾸거나 새롭게 추가해도 좋다. 이 작업에 익숙해질 때까지 반복해서 연습하다 보면 몇 가지 특징들을 발견하게 될 것이다. 문장에 자주 등장하는 단어들이 보이고, 표현이 다를 뿐 비슷한 뜻을 내포하고 있는 문장을 만나기도 한다. 평소에 중요하게 생각했던 가치나 당신을 지켜주었던 믿음을 확인하게 될 수도 있고, 과거에 있었던 어떤 일이 떠올라 마음이 불편해질 수도 있다. 물론 생각해본 적 없어서 당장 대답할 수 없는 질문도 있을 것이다. 하지만 익숙하지 않을 뿐 당신 안에 이미 답이 있다. 여유를 가지고 천천히 시간을 두고 빈칸을 채워가면 된다. 그리고 그 과정이 어느 궤도에 오르면 아래처럼 문장 형태로 자신의 공식을 정리해보자.

나만의 공식 발견하기:

나는 _____ 라는 공식을 가지고 있다.
이 공식은 내가 _____ 하게 만든다.

당신을 가장 잘 설명해준다고 생각하는 공식은 무엇인가?
당신이 자주 떠올리거나 사용하는 공식은 무엇인가?
당신의 삶에 영향력을 미친 공식은 무엇인가?
당신을 갈등에 빠지게 하는 공식은 무엇인가?
당신에 관해 주변 사람들로부터 자주 들었던 공식은 무엇인가?

나 역시 이런 과정을 통해서 나만의 공식을 발견하게 되었는데, 말하자면 이런 것들이다.

나는 '내가 계획한 대로 일이 되어야 한다'는 공식을 가지고 있다.
이 공식은 '일을 꼼꼼하게 계획하고 실행'하게 만든다.

나는 '사람들에게 인정받아야 한다'는 공식을 가지고 있다.
이 공식은 '더 높은 목표를 세우고 도전'하게 만든다.

나는 '스스로 알아서 해야 한다'는 공식을 가지고 있다.

이 공식은 '남에게 도움을 요청하기보다 스스로 해결'하게 만든다.

그리고 이런 공식들을 장착하게 된 나름의 사정도 있었다. 몇십 년 인생을 몇 줄로 축약하기는 어렵지만 가장 커다란 영향을 미친 것은 아마 일곱 살 때 겪어야 했던 부모님의 이혼이었을 것이다. 그 후로 분노와 외로움에 빠진 아빠와 함께 살았던 나는 무엇이든 혼자 알아서 해야 했다. 어린 마음에 오직 나 자신만 믿어야 한다고 생각했고, 불안함을 견디기 위해 일상을 계획해야 했다. 또 친척들에게 '아빠가 힘들게 키웠으니 성공해야 한다'는 말을 수없이 들으면서 성공에 대한 갈망을 키웠고 '엄마는 왜 나를 떠났을까?'라는 고민을 오래하다 보니 다른 사람의 인정을 갈구하게 되었다.

이런 공식들은 살면서 힘이 되기도 했다. 미리 계획한 덕분에 많은 일을 책임감 있게 해낼 수 있었고, 스스로 알아서 해결하는 과정을 통해서 능력을 인정받았다. 덕분에 목표를 달성하고 성취감을 맛보았다. 그러나 모든 상황에 좋게만 적용되는 공식은 없다. 결혼을 하고 아이를 낳고 사업을 시작하면서 기존의 공식들은 나와 내 주변의 관계들을 흔들기 시작했다.

공식의 양면 살펴보기:

나는 _____ 라는 공식을 가지고 있다.
이 공식은 내가 _____ 하게 만든다.
그러나 이 공식 때문에 _____ _____ 를 못하게 되었다.

이를테면 아이를 키우는 일은 절대 계획대로 되지 않는다. 아이는 이유도 없이 갑자기 심통을 부리고 유치원에 가지 않겠다고 말한다. 혹은 출근하기 전날 밤 갑자기 열이 펄펄 끓는다. 이런 일은 다반사로 일어난다. 내가 견고하게 다지고 쌓아놓았던 질서가 어그러질 때마다 '계획대로 해야 해'라는 공식이 작동되었고 그것 때문에 예민해지고 불안해지고 짜증이 났다. 조급한 나머지 평소보다 엄격하게 굴었다. 그러나 아무리 질서를 잡으려고 노력해도 예상치 못한 일은 수시로 터졌다. 그래서 '계획대로 해야 한다'는 내 공식을 수정하지 않으면 결국 아이와의 관계가 어려워지고 행복한 워킹맘이 될 수 없다는 것을 깨달았다.

내 공식은 남편과 마찰을 일으키기도 했다. '천천히 하지 뭐.', '그럴 수도 있지'를 즐겨 쓰는 남편이 답답해 보였다. '왜 먼저 알아서 챙기질 못하냐'며 비난도 하고, '그럼 그렇지' 하면서 무시하기도 했다. 하지만 그럴 때마다 속이 시원해지기는커녕 후회만 쌓여갔다. 만족스러운 결혼생활을 위해서는 이제 다른 관점을 선택해야 했다. 적어도 남편의 공식을 모른 척해서는 안 된다는 것을 배웠다.

나는 '내가 계획한 대로 일이 되어야 한다'는 공식을 가지고 있다.
이 공식은 '일을 꼼꼼하게 계획하고 실행'하게 만든다.
그러나 이 공식 때문에 '스트레스에 시달리고 관계에서 여유를 갖지' 못한다.

나는 '사람들에게 인정받고 싶다'는 공식을 가지고 있다.
이 공식은 '더 높은 목표를 세우고 도전'하게 만든다.
하지만 이 공식 때문에 '심신의 건강을 돌보지' 못하게 된다.

나는 '스스로 알아서 해야 한다'는 공식을 가지고 있다.
이 공식은 '남에게 도움을 요청하기보다는 스스로 해결'하게 만든다.
하지만 이 공식 때문에 '더 많은 사람들과 어울리고 협업하지' 못하게 된다.

한때 삶에 도움을 주었던 공식이 이제는 장애물이 되어 성장을 방해할 수도 있다는 것을 깨달았다. 그것이 사람들과의 갈등을 유발하고 말 그릇의 성장을 방해할 수도 있다는 것을 알게 되었다.

앞으로 나의 공식을 어떻게 잘 데리고 살 수 있을까를 고민하면 유연함과 대처능력이 달라진다. 그 원리를 이해하고 있는 사람은 공식이 만들어내는 조급함과 불안함, 예민함과 분노를 지혜롭게 처리하는 방법을 알게 된다.

자신의 공식을 알게 된 사람들은 종종 '안쓰럽다.', '부끄럽다.', '기대된다'는 감상을 말한다.

안쓰러움이란, 원하지 않는 공식에 이끌려 지금껏 고군분투하면서 살아온 자신에 대한 쓸쓸함 같은 것이다. '내가 아니면 안 된다'는 공식을 가지고 살아왔다면 그동안 얼마나 스스로를 채찍질하며 달려왔을 것인가. 공식을 내려놓지 못하고 살아온 날들을 돌아보며 느끼는 위로의 마음인 것이다.

'부끄럽다'고 말하는 사람들은 어렴풋이 자신의 공식을 알고 있었지만 모른 척하려고 했던 일들이 생각나기 때문이다. 아는 만큼 배려했다면 얼마나 좋았을까. 친구가 힘들다고 했을 때 내 방식대로 가르치려 한 것에 대한 부끄러움, 의견이 다른 동료의 생각을 처음부터 무시하려고 했던 것에 대한 미안함이 남아 있기 때문이다.

마지막으로 '기대된다'는 감상은, 공식을 알게 된 후 자신의 모습이 달라질 것이라고 기대하기 때문이다. 그것은 내 공식이 언제 작동하는지 의식하면서 유연한 선택을 하고 싶다는 바람이기도 하다. 공식이 나의 말과 관계를 끌고 가도록 내버려두지 않고, 내가 말을 주도적으로 이끌겠다는 일종의 다짐 같은 것이다.

말 그릇에 새겨진 공식들을 찾아가는 노력은 자신이 원하는 방향으로 삶의 초점을 맞추게끔 이끌어주는 원동력이 된다. 또한 사람들과 함께 살아가는 좋은 출발점이 된다. 한 사람의 공식을 들여다보는 습관을 기르면 공감하는 능력이 높아지기 때문이다. 누구나 원하지 않는 공식 때문에 힘들어 한다는 것, 그 공식이 인격의 차이에서 생긴 게 아니라는 것을 깨닫게 되면 다른 사람의 인생에 대해 함부로 충고할 수 없게 되고, 그야말로 마음을 열고 대화를 나누는 게 가능해진다.

그 순리를 알게 되면 비로소 말이 무거워지고 깊어진다. 그런 깨달음이 쌓이면서 우리는 조금씩 성숙해진다.

습관에 대하여

불쑥 튀어나오는
말습관

"제가 말이 좀 험한 편이에요. 속마음은 그렇지 않은데 표현이 그렇게 되네요. 제 말투 때문에 오해를 사기도 하지만… 말투가 그런 걸 어쩌겠어요."

"본래 싫은 소리를 잘 못하는 편이에요. 큰 소리 나는 것보다 그냥 제가 하고 마는 것이 편해요. 서로 목소리 커지고 감정이 격해지면 불안해요."

"주변에서 에둘러 이야기하는 편이라고 말해요. 직접적으로 말하면 불편하니까… 그렇게 못하고 빙빙 둘러서 말하는 것 같아요. 말할 때 눈치가 보이고 조심스러워요."

사람들은 고유한 말버릇을 가지고 있다. 격한 말, 과장된 말, 늘어지는 말, 다가가는 말, 물러서는 말 등 대화할 때 자신만의 패턴을 보인다. 말투와 분위기는 타고난 기질의 영향도 있겠지만 자라온 환경을 무시할 수 없다. 가장 가깝게는 부모, 형제와 자매, 자주 어울렸던 친구, 사회생활을 하면서 만났던 의미 있는 사람들의 말투에 영향을 받게 된다.

얼마 전 케이블 TV 방송에서 방송인 조혜련과 자녀들의 이야기를 보게 되었다. 엄마와 자녀들의 소소한 일상을 리얼하게 보여주는 프로그램이었는데, 출연자들 중에서도 그녀의 대화방식이 유난히 눈에 띄었다. 부모 입장에서 시청하기 불편할 만큼 아이들과의 대화가 단절되어 있었고 갈등이 심했다. 아직도 기억에 남는 장면은 유독 엄마에게 냉담한 모습을 보이던 큰 딸과 조혜련 사이에서 오고 간 아래의 대화다.

"얘기 좀 해봐. 네가 그런 태도를 가지게 된 것에 대해서."

"엄마가 얘기할 건 아닌 것 같은데."

"뭐?"

"내가 그렇게 생각했다는 것은 엄마가 지금까지 안 해줬다는 거잖아. 엄마가 나한테 관심을 가져줄 시간이 없었기 때문 아니야?"

"내가 뭘 너한테 관심이 없어!"

"엄마가 나한테 못해준 건 사실이잖아."

"그런 마음을 계속 가지고 있었니?"

"그렇지."

"어떤 면에서 안 해줬다는 거야?"

"그럼 엄마는 뭘 해줬다고 생각해?"

"…"

엄마는 자녀들과의 관계를 어떻게든 풀어보려고 대화를 시도했지만 표정은 여전히 경직되어 있었고, 질문은 추궁하는 듯 딱딱했다. 아이의 심정을 알아주기보다는, 이렇게까지 노력하는 자신을 인정해주지 않는 딸에 대한 원망을 드러냈다.

만약 감정에 솔직한 사람이었다면 "계속 그런 마음을 가지고 있었냐"며 따지기보다 "그런 말을 들으니 엄마 마음이 너무 아프다"고 말했을 것이다. 만약 자신의 공식에 대해 이해하고 있었더라면 "엄마는 강하고 멋진 엄마가 되어야 한다고 믿었던 것 같아. 그런데 오히려 너희들을 외롭게 만들었구나."라고 말할 수 있었을지도 모른다. 그러나 결국 그녀는 자신의 오랜 말 습관에서 벗어나지 못한 채 그날의 대화를 끝냈다.

그 후로 나는 그녀의 이야기가 궁금해졌다. 다른 방송을 통해 알게 된 것은, 그녀가 여덟 명의 형제 중 다섯째로 태어났다는 것이었다. 아들이 귀한 시절에 딸만 넷을 둔 어머니는, 그녀를 임신하고서 호랑이 꿈을 꾸었다고 한다. 그래서 가족들 모두 분명히 아들일 것이라고 믿었는데 결국 그녀가 태어난 것이다. 가족의 믿음을 배신한 딸을 보며 절망한 어머니는 갓 태어난 그녀를 두꺼운 이불 밑에 넣어두었다고 한다. 하지만 그녀는 살아남았고, 이후로 엄마에게 '아들이었어야 하는 딸', '잘못 태어난 딸', '태어나지 말았어야 하는 딸'이 되었다.

그런 환경에서 자란 그녀는 독한 말, 모진 대우에도 견딜 만큼 강해져야 했다. 자신을 지키기 위해, 존재를 증명하기 위해 멈추지 않고 열심히 살아왔다. 도전의 아이콘으로 불리던 그녀의 삶에는 다 그럴 만한 이유가 있었다. 힘이 없던 어린아이는 냉랭한 엄마가 준 상처에서 벗어나기 위해 안간힘을 썼을 테지만 엄마의 말은 몸과 마음 곳곳에 스며들었고, 그 말들은 고스란히 그녀와 함께 자랐다.

보듬어주고, 다독이고, 위로하는 말보다는 지적하고 원망하고 비난하는 말에 익숙해졌다. '사랑해'라는 말을 들어본 적 없는 딸이, '사랑해'라고 고백하는 엄마가 되기는 어렵다. '뭘 안다고 나서니!'라는 말을 듣고 자란 사람이 '괜찮아, 너는 이대로도 좋아.'라고 말할 줄 아는 어른이 되기는 힘들다. 환경에 적응하는 사이 말은 대를 이어 흘러가고 결국 그녀의 아이들도 강한 어머니 때문에 외로워졌다.

그러나 놀랍게도 시간이 흐를수록 그녀는 변화되는 모습을 보였다. 처음으로 아이들을 바라보는 자신의 눈빛, 표정, 말투를 명확하게 인식하게 되면서 스스로 깨닫게 된 것이다.

말의 대물림은 그녀에게만 해당되는 것은 아니다.

'엄마의 짜증스러운 잔소리를 당해낼 사람은 없어. 정말 지겨워. 나는 절대로 저렇게 안 될 거야.'

늘 아빠와 싸우는 엄마를 보면서 이렇게 다짐한 여성이, 결혼한 후에 엄마를 닮아가는 자신을 깨닫게 되는 경우도 있다. 말의 유전이 관계의 반복을 만들어내는 것이다.

'나는 아빠처럼 무뚝뚝한 가장이 되지 않을 거야.' 하면서도 결국 자녀를 낳은 후에 어떻게 말하고 상대해야 할지 몰라 굳어버리는 사람들도 있다. 이것이 바로 혀끝에 붙어버린 습관이다. 공기처럼 호흡처럼 익숙해져버린 말 습관.

심리학자 알버트 반두라(Albert Bandura)는 '우리는 상황 속에서 많은 것들을 모방함으로써 학습한다'고 말했다. 단지 보는 것만으로도 수많은 정보를 획득하게 된다는 뜻이다. 이 과정은 무시행 학습(no trial learning), 즉 직접 해보지 않고도 단지 관찰하는 것만으로 동일한 방식을 획득하게 되는 것을 의미한다. 게다가 그 행동이 어떤 결과를 일으키는지 지켜보고, 만약 어떤 보상을 받거나 기대한 결과를 일으키면 그 특정 행동이 더 강화되어 마음속에 각인되는데, 이를 대리강화(vicarious reinforcement)라고 한다.

말도 동일한 원리를 따른다. 자주 듣고 보고 배운 말은 기억 속에 저장되고, 가장 익숙한 말로 튀어나온다. 특히 자신의 정체성과 주관이 생기기 전에 저장된 말이라면 필요한 것과 필요하지 않은 것을 거르지 못한 채 그대로 내면에 자리 잡는다.

말은 대처 전략이기도 하다. 아이들은 어른들을 통해서 세상과 사람에 대한 대응전략을 배운다. '아, 이럴 때는 이렇게 말하면 되는구나', '이런 상황에서는 이렇게 말하면 안 되는구나'와 같은 것을 배우면서 옳고 그름을 구분하지 못한 채 하나의 규범으로 받아들인다. 좋아하는 노래가 아닌데도 엄마가 설거지를 하면서 흥얼거리던 노래를 어느 날 똑같이 읊조리는 자신을 발견하게 되는 것처럼.

'이렇게 말해야지' 하고 결심했던 것이 아닌데도 비슷한 상황이나 사람을 만나게 되면 예전에 들었던 대로 불쑥 말부터 나간다.

"제 말에 상처받는 후배들이 많아요. 잘되라고 하는 이야기지만 좋게 말하면 듣질 않거든요. 그러니까 일부러 더 강하게 말하곤 하죠. 그런데 생각해 보면 이런 스타일은 첫 직장상사의 영향인 것 같아요. 그 분도 말을 참 강하게 하셨지요. 저도 상처를 많이 받았는데, 몇 년을 쫓아다니면서 배웠고 다른 선배와는 길게 일해본 적이 없어서인지 그 선배를 따라가나 봐요. 이런 것도 대물림이라고 해야 하나요?"

말의 영향력은 부모에게서만 물려받는 것은 아니다. 함께 일했던 상사의 말을 닮아가는 사람들도 꽤 있다. 선배의 말을 모방하고 하나의 대처방식으로 삼는 것이다. 후배들이 실수했을 때, 결과가 마음에 들지 않을 때 자신도 모르게 예전에 들었던 대로 재생한다.

사실 사람과 상황에 따라 그때그때 '말하는 방식'이 달라져야 하는데, 고정된 패턴대로만 말하는 사람은 다른 말이 필요한 상황에서도 앵무새처럼 같은 말만 반복한다. 위로가 필요할 때 충고하고, 격려가 필요할 때 비난하고 만다.

이런 사람들의 가장 큰 어려움은 자신이 어떤 말 습관을 사용하고 있는지, 그것이 어디로부터 기인한 것인지 자각하지 못하는 데 있다. 말을 많이 하면서도 자신의 말을 되돌아보지 않는다. 그래서 말실수를 반복한다. 회의할 때, 보고하고 보고받을 때, 회식 자리에서 원해서 하는 말과 익숙해서 하는 말을 구분하지 못한다. 어떤 말이 상대를 혼란스럽게 하는지, 그것 말고 필요한 말이 무엇인지 눈치 채지 못한다.

당신에게도 지금까지 의식하지 못한 말 습관이 있는가? 그것은 무엇인가?

나의 말 습관
알아보기

　나는 자신의 말 습관을 자각하지 못한 사람들을 위해 종종 카메라 촬영을 이용하곤 한다. 평소처럼 회의를 진행하거나 어떤 민감한 사안에 대해 토론하게 하고, 그 모습을 비디오카메라로 촬영한다. 그리고 나중에 함께 영상을 돌려 보면서 감상을 나눈다.

　"표정만 보면 기분 나쁜 일이라도 있는 줄 알겠어요. 그럴 의도는 전혀 없었는데."

　"저렇게 나쁜 습관이 있었군요."

　"아, 저거 내가 딱 싫어하는 말투인데, 제가 저렇게 말하고 있네요."

　스스로를 객관적으로 관찰하다 보면 고민이 필요한 지점을 발견할 수 있다. 떨어져서 보면 '남들은 알고, 나만 모르는' 몸에 붙어버린 습관들이 잘 보이기 때문이다. 영상 촬영이 어렵다면 당신을 잘 알고 있는 사람들의 의견을 들어보고 아래의 질문들에 답해보는 것도 좋다. 평소 대화할 때 나의 분위기, 말투, 표정, 동작, 언어의 특징, 그 외에 느껴지는 것들에 대하여 솔직하게 알려달라고 부탁해보자.

- 나는 말할 때 주로 어떤 표정을 짓는가? 그것은 상대에게 어떤 느낌으로 전해질까?
- 나의 말투는 어떤 분위기를 만드는가? 그것은 자라온 환경과 어떤 관련이 있을까?
- 나는 다른 사람들과 가까워지고 싶을 때 어떤 방식으로 표현하는가?
- 나는 다른 사람들과 의견이 다를 때 어떤 방식으로 표현하는가?
- 내가 원하는 것이 있을 때 어떤 방식으로 표현하는가?
- 내가 예민하고 화가 날 때 어떤 방식으로 표현하는가?
- 내가 가장 편안한 상황일 때 말투는 어떻게 달라지는가? 그것은 무엇을 의미하는가?
- 내가 자주 사용하는 언어 표현은 무엇인가? 그것은 누구를 연상시키는가?
- 내가 인식하지 못한 말 습관에 대해 더 알아보려면 어떤 방법이 있는가? 누구의 도움을 받을 수 있을까?
- 내가 고치고 싶은 말 습관은 무엇인가? 그것은 누구에게서 왔는가?

'말 습관'을 변화시키려면

듀크 대학교 연구진이 2006년에 발표한 논문에 따르면, 우리가 매일 하는 행동의 40퍼센트는 습관에 의한 것이라고 한다. 당신이 오늘 사람들에게 건넸던 말, 그것은 어떤 의도에 의해서라기보다는 습관처럼 어제의 패턴을 반복했을 가능성이 높다.

한편, 익숙해진 습관을 바꾸기 위해 전문가들이 제안하는 몇 가지 방법들이 있다.

우선 특정 행동을 하게 된 계기를 찾아보는 것이다. 원인을 알게 되면 자신의 마음을 이해하는 데 도움이 된다. 그리고 어떤 상황에서 행동을 반복하고, 그러기 전에 어떤 증상들이 나타나는지 선행행동을 따져보는 게 좋다. 이를 통해서 습관행동 전에 나타나는 행동 신호를 감지할 수 있다.

행동을 함으로써 얻게 되는 이익이 있는지를 살펴보는 것도 도움이 된다. 행동을 강화시키는 원인을 제거함으로써 습관행동을 줄여나갈 수 있기 때문이다.

또한 원하지 않는 습관을 그만두는 것 못지않게 대체 행동을 찾는 것도 중요하다. 대체행동이 없으면 습관은 바뀌지 않는다. 마지막으로 대체행동을 유지하면서 스스로 행동의 변화를 알아차릴 수 있도록 기록하고 관찰해야 한다.

이제는 아래의 예를 참고하여 앞의 방법들을 직접 적용해보자.

1. 문제행동 정의하기

   어떤 말 습관 때문에 갈등이 생기는가?

   : 짜증스럽게 말하는 습관이 있어요.

   : 권위적인 말투, 경직된 표정이 문제인 것 같아요.

2. 행동계기 발견하기

   그 말 습관은 어디에서 비롯됐는가? 어떤 이의 영향을 받았는가?

   : 엄마가 짜증스러운 말투를 사용하곤 했어요.

   : 직속선배의 영향을 받았어요.

3. 선행신호 분석하기

   대체로 그런 편인가 아니면 유독 그런 말을 하게 되는 상황이 있는가?

   혹은 유독 그런 실수를 반복하고 후회하게 되는 상대가 있는가?

   : 상황이 예측한 대로 돌아가지 않을 때 공격적으로 변해요.

   : 편한 사람들, 특히 가족이나 친구들에게 함부로 말하게 돼요.

4. 강화물 제거하기

   지금의 말 습관을 지속하게 되는 이유는 무엇인가?

   혹시 당신이 그렇게 말함으로써 얻게 되는 이득은 무엇인가?

   : 말할 때 속이 시원해지니까 안 좋은걸 알면서도 반복하게 되는 것 아닐까요.

   : 화를 내면 사람들이 적극적으로 해결해주니까요.

5. 대체습관 만들기

   어떤 말로 대체하면 좋을까? 그 구체적인 문장은 무엇인가?

   : "도대체 왜 그래?"라는 말 대신 "~하면 좋겠어."라고 말하면 어떨까요.

   : "하라는 대로 해."라는 말 대신에 "내 생각을 말할게."라고 하면 어떨까요.

6. 관찰하고 지속하기

당신의 말 습관을 어떻게 지속적으로 관리할 것인가?

: 친한 동료들에게 피드백을 받아보고 싶어요.

: 전화 통화할 때 녹음하는 방법도 있겠네요.

내게도 원하지 않는 말 습관이 있다. 어릴 적에 엄마는 정리정 돈에 꽤나 집착하는 편이었다. 물건이 제자리에 놓여 있지 않거 나 서랍에서 옷들을 꺼내느라 조금만 자리가 흐트러져도 날벼락 이 떨어졌다. 주로 공격 대상은 아빠였는데, 수건 한 장이라도 잘 못 꺼냈다가는 위협적인 목소리와 매서운 시선을 견뎌내야 했다. 엄마는 그런 상황이 되면 엄청나게 화가 난 사람처럼 말하곤 했 다. 지금은 엄마가 상대방에게 요청하는 걸 힘들어하는 사람, 감 정을 휘두르는 습관이 있는 사람이라는 걸 알지만, 어릴 적에는 '엄마는 아빠보다 수건이 더 중요한가?'라고 의아해하곤 했다.

그런데 결혼한 지 얼마 지나지 않았을 때 내게서 엄마의 모습 을 발견하고 깜짝 놀랐던 적이 있다. 바닥에 떨어진 수건을 주우 면서 신랑에게 불같이 쏘아붙였던 것이다. 사실 나는 살림을 성 실하게 하는 주부도 아니고 수건의 사용여부가 감정에 크게 부 담을 주지도 않는다. 그런데 나도 모르게 그렇게 말을 하고 있었 던 거다, 꼭 엄마처럼.

"제 자리에 놓아줘요"라고 말할 줄 몰랐던 것도 아닌데 종소리만 듣고도 침을 흘리는 파블로프의 개처럼 순간적으로 익숙한 반응을 보이고 말았다.

신랑이 내게 물었다.

"여보, 화가 많이 난 거예요?"

아니다. 화가 난 것은 아니다.

"아니에요, 딱히 화가 난 건 아니고…."

말을 얼버무리면서 적잖이 당황스러웠다. 엄마의 말이 이렇게 오랫동안 내 기억 속에 뿌리박혀 있었다니. 방심하는 순간 마치 처음부터 내 것인 양 자리 잡을지도 모른다는 생각에 고개가 절로 흔들어졌다.

혹시 당신은 당신의 진짜 목소리를 들어본 적이 있는가. 목소리를 녹음해본 사람은 알겠지만, 말할 때 들리는 자신의 목소리와 녹음기에서 흘러나오는 목소리는 꽤 다르게 느껴진다.

말은 어떤가. 당신은 진짜 당신이 하고 싶은 말을 하고 있는가? 엄마나 아빠의 말, 존경하는 누군가의 말, 오랫동안 함께 해온 동료의 말을 재생하고 있는 것은 아닐까?

지금까지 말이 만들어지는 과정을 감정과 공식, 습관으로 나누어 설명하기는 했지만 사실 이 세 가지 영역은 어떤 것이 먼저 시작인지 알기 어렵다. '닭이 먼저냐, 달걀이 먼저냐'인 것처럼 이 영역들은 서로 밀접하게 연결되어 있고 서로에게 영향을 주면서 굳어진다. 예를 들어, 감정을 섬세하게 읽어낼 수 있게 되면 숨어 있는 자신의 공식을 더 잘 발견하게 되고, 공식을 자각하기 시작하면 자동적으로 자신의 말 습관이 무엇인지도 알게 된다.

물론 그 반대의 경우도 마찬가지다. 말 습관을 객관적으로 헤아려보기 시작하면 지금의 말 습관에 영향을 준 구체적인 경험들을 알 수 있게 되고, 그것 뒤에 숨어 있는 공식과 그것으로 인해 야기되는 감정을 발견하게 된다.

어쩌면 이 파트를 읽는 동안 어서 듣기와 말하기 기술로 넘어갔으면 하고 생각했을지도 모른다. 자신의 내면을 살피는 것보다 특정 기술을 배우는 게 훨씬 더 손쉽게 느껴지는 법이니까.

그러나 자신의 감정과 공식과 습관에 대해 질문하고 생각하는 연습을 거쳐야만 진정한 소통의 길이 열리는 법이다. 말을 떠받치고 있는 내면의 골격이 튼튼해야 다양한 감정을 받아들이고 비로소 습관적으로 하는 말이 아닌, 내가 주도하는 말을 할 수 있게 된다. 자신의 말 그릇이 단단해지고 난 후에야 비로소 '제대로 듣고 말하는 기술'을 사용할 수 있게 된다.

말 그릇을 키우는 '듣기,'의 기술

Part 3

조개를 해감하는 방법을 알고 있는가? 조개를 소금물에 담가서 빛이 들지 않도록 그늘에 두거나 검은 봉지를 씌워 놓으면, 조개는 본래 살던 곳처럼 편안하게 느끼기 때문에 스스로 모래와 찌꺼기를 내뱉는다.

인간관계도 마찬가지다. 상대방의 마음을 얻고 싶을 때, 혹은 아끼는 마음으로 돕고 싶을 때 우리가 할 수 있는 일은 믿음을 주고 기다리는 것뿐이다. 하지만 우리는 종종 그것을 잊어버린다. 필요 이상의 일들을 하고, 경계를 침범한다. 상대방의 행동이 얼마나 잘못되었는지 꼬집어 알려주고, 앞으로 어떻게 해야 할지 치밀하게 조언하고, 그것도 안 되면 직접 문제를 해결한다. 그것이 조개의 입을 더 꾹 다물게 만든다는 것도 모르고 말이다.

사실 대부분의 것들은 '자연스러운 상태'가 가장 잘 어울린다. 봄날의 꽃도 그렇다. 꽃이 활짝 필 때까지 우리가 할 수 있는 것은 기다림뿐이다. 물론 꽃이 늦게 피면 걱정하고, 만개했을 때 맘껏 기뻐할 수는 있다. 하지만 언제 열릴지 결정하는 것은 오직 꽃봉오리뿐이다.

말 그릇이 큰 사람들은 이 '기다림'의 중요성을 잘 알고 있다. 그리고 그것을 대화 속에서 실천한다. 바로 '경청'하는 것이다. 듣는 실력이 있다면 말을 많이 하지 않고도 관계의 거리를 좁히고 갈등을 줄일 수 있다.

태양 빛을 내리쬐거나 소나기를 퍼붓지 않아도 스스로 마음의 갑옷을 벗고 대화에 참여하도록 이끄는 게 바로 경청이다.

왜 알면서 듣지 못할까?

'경청의 중요성'을 모르는 사람은 없다. 책에서나 워크숍에서 들어 본 풍월이 있기 때문에 '경청'이라는 말을 꺼내면 "또야?" 하며 약간의 피로감을 드러낼 정도다. 하지만 '제대로 경청하기'를 실천하고 있는 사람은 드물다.

"경청이 중요하다는 것은 알아요. 그런데 쓸데없는 이야기를 계속 하는데도 그냥 듣고 있어야 하나요? 아무리 참고 들으려고 해도 말도 안 되는 소리를 할 때면 더 이상 못 참고 말을 끊어 버리게 돼요."

"아, 시간만 충분하면 들어주는 것이 뭐가 문제겠어요. 그렇지만 우리는 결론을 내려야 하잖아요. 계속 들어주기만 할 수는 없어요. 그러다 보니 제가 자꾸 말을 하게 되지요."

"저는 팀원들에게 하고 싶은 이야기를 하라고 해요. 특히 회의시간에 눈치 보지 말고 의견을 달라고 하지요. 그래도 말을 안 해요. 그래놓고는 저만 말이 많다는 둥, 자신들의 의견은 반영되지 않는다는 둥 뒷말들을 하는 것 같은데. 스스로 말을 안 하는데 뭐 어쩔 수 있나요?"

이유는 다양하다. 쓸데없는 이야기라서, 시간이 없어서, 상대방이 말을 안 해서 혹은 무슨 말인지 조금만 들어도 알 것 같아서, 성질이 급해서 등등.

하지만 쓸데없어 보이는 말에도 의미가 있고, 시간이 없을수록 '제대로 듣는 기술'이 필요하며, 말을 안 하는 이유는 당신 때문이라는 것은 잘 모르는 것 같다. 상대방이 운만 떼도 알 것 같다는 말은 사실 자신의 고정관념에 사로잡혀 있다는 뜻이고, 급한 성질을 다스리지 못한다는 것은 말 그릇이 그만큼 좁다는 뜻이다.

간혹 경청에 자신감을 드러내는 이들도 있다. 그래서 "어떤 식으로 이야기를 들으세요?"라고 물으면 "그 사람의 이야기를 듣고 진심을 다해 조언해주었습니다."라고 말한다. 조언과 경청은 같은 말이 아니다. 그 둘의 역할은 사뭇 다르다.

여전히 우리는 누군가의 이야기에 온전히 귀 기울이는 것을 힘들어한다. 우리가 듣는 것을 어려워하는 이유는 무엇일까. 아마도 다음 세 가지 이유 때문일 것이다.

첫째, 말하기에 대한 환상을 가지고 있거나

둘째, 듣기에 대한 오해 때문이거나

셋째, 듣기 실력이 부족하거나

'말하기'는 인기가 좋다. 화술이나 대화의 기술을 가르치는 학원도 수두룩하다. 이것은 말 잘하는 사람이 주목받고, 능력 있어 보이며, 힘을 가진다는 잘못된 인식에서 비롯된 현상이다.

'듣기'를 오해하는 경우도 있다. 듣기라는 것은 배우지 않아도 자연스럽게 얻어지는 능력이라고 생각하거나 무작정 듣고만 있으면 되는 것 아니냐고 생각하는 사람들이 많은데, 잘 듣는다는 것은 '귀'로만 듣는 것을 의미하지 않는다. '말하고 싶은 욕구'를 다스리는 동시에 상대방의 말 속에 숨어 있는 여러 가지 의미를 파악하고 그 안에 담긴 마음까지도 파악해내는 것을 뜻한다.

특히 사람의 마음을 얻기 위한 듣기라면 더욱 그렇다. 사람마다 마음을 여는 암호가 달라서 그 문을 열려면 정밀한 세공이 필요하다. '이 사람은 내 마음을 이해해주는구나!' 하는 감정을 일으키게 하려면 자유롭게 대화하면서도 본론에서 벗어나지 않게 돕고, 공감을 드러내는 기술과 오랜 연습이 필요하다.

말 하 기 를 동 경 하 는 당 신 에 게

많이 말한다고
듣지 않는다

직장에서 '소통의 수준'을 가장 정확하게 가늠할 수 있는 곳은 바로 회의실이다. 가장 민감한 사안이 오가고, 약속된 시간이 정해져 있기 때문에 말하기와 듣기의 평소 실력이 그대로 드러난다.

회의를 진행하는 모습을 보면 누가 윗사람인지 금방 짐작할 수 있다. 자리 잡은 위치, 앉아 있는 자세를 보아도 알 수 있고, 가장 분명한 것은 누가 가장 많이 말하는가를 보면 된다. 직업 특성상 고객의 회의시간에 가끔 동참할 때가 있는데 (아직도 많은 기업들이 회의 운영 방식을 고민하고 있다) 그럴 때마다 상사들이 자주 사용하는 단골 멘트를 발견하게 된다.

"모두 이야기를 안 하니까 할 수 없이 내가…." (기다리지 못하고 말한다.)

"이런 말은 안 하려고 했는데…." (아무도 그 말을 믿지 않는다.)

"내게 생각이 있는데… (한참을 말하고) 어때?"

"아. 한 가지만 더." (그래놓고 엄청 말한다.)

"아, 마지막으로." (물론 다들 이 말도 믿지 않는다.)

윗사람은 마음이 바쁘다. 빨리 말하고 많이 말해야 하는 사람처럼 행동한다. 회의 시간은 정해져 있고, 당부하고 싶은 말들은 많다. 그러니 마음의 여유가 없고, 상대가 주워 담을 겨를도 없이 말을 쏟아낸다. 이때 재미있는 것은 이야기를 듣고 있는 사람들의 반응이다. 어떤 사람은 고개를 끄덕이며 열심히 메모를 하고, 어떤 이는 낙서를 하거나 슬쩍 슬쩍 핸드폰에 손을 대기도 한다. 질문하는 사람도 없고 반대 의견도 없다.

"네, 알겠습니다." (진짜일까?)

"그렇게 생각합니다." (정말일까?)

"좋습니다." (진심일까?)

어떠냐고 물어보면 좋다고 하고, 일거리가 떨어지면 알겠다고 한다. 진심으로 동의하고 있는지 아니면 어차피 결정된 거 말해봤자 소용없다고 생각하는 건지 누구도 속마음을 얘기하지 않는

166

다. 한국말처럼 의미 파악하기 어려운 말도 없는데 상사가 장장 1시간 동안이나 풀어놓은 이야기를 죄다 이해한 것처럼 앉아 있는 사람들을 보고 있으면 참으로 신기하다. 아니나 다를까, 장시간의 회의가 끝나면 팀원들은 조금 더 자리를 지킨다. 그리고 다시 한 번 논의를 시작한다.

"아까 뭐라고 한 거야?"(하도 말이 많아서 알 수가 있어야지.)

"아까 그거 무슨 뜻이야?"(제대로 설명도 안 해주고 말이야.)

"어차피 원하는 대로 할 거면서…."(도대체 회의는 왜 하는 거야).

회의시간에 상사가 한 말을 다시 팀원들끼리 해석하고 번역한다. 그러다 보니 오역이 쏟아진다. 같은 말이라도 그 말을 한 사람의 의도와 뉘앙스가 전부 다른 법인데, 말한 사람 따로 있고 분석하는 사람 따로 있으니 당연히 소통이 힘들어질 수밖에 없다. 여러 가지 말이 오가다가 결국 무리 중에서 주장이 세거나 신뢰도가 높은 사람이 추측해서 정리한 대로 의견을 숙지하고 그제야 회의실을 빠져나온다.

하지만 나중에 보고서를 받아본 상사는 이렇게 말할지도 모른다.

"내가 언제 이렇게 말했어!"(말귀를 못 알아듣네.)

"내 말, 똑바로 안 들었지!"(일하기 싫은 거지?)

"다시 말해줄 테니, 똑바로 들어!"(제대로 가르쳐야겠어.)

상사는 이제 더 많은 말을 하게 될 것이다. 하지만 중요한 것은 많이 말한다고 상대방이 듣는 것은 아니다. 오히려 그 많은 내용 중에서 중요한 것과 중요하지 않은 것을 구분해내기 힘들어서 점차 귀를 닫게 된다. '진짜 듣는 것'이 아니라 '듣는 역할'에만 익숙해진다. 어차피 말은 상사만 하는 것이라고 생각하면, 더이상 의견을 낼 이유도 사라진다.

이런 문제는 회사에서만 찾아볼 수 있는 게 아니다. 말하기 좋아하는 상사는, 가정에서는 누군가의 부모일 테고 누군가의 배우자일 것이다. 그리고 형제나 자매, 친구라는 여러 역할을 맡고 있을 테니 가정에서도, 친구 사이에서도 이런 문제는 종종 일어나게 마련이다.

듣는 게 먼저다

예전에 기업의 지점장들을 대상으로 코칭을 한 적이 있었다. 그 중 직원들을 대상으로 한 인터뷰에서 '독단적', '자기 위주', '지나치게 말이 많다'는 의견이 나왔던 A지점장은 특히 아침 조회를 길게 해서 직원들의 불만을 사고 있었다.

고객 응대를 준비하는 입장에서 아침 15분은 엄청나게 중요하다. 그런데 매일 아침마다 조회를 하면 그만큼 일찍 출근해야하고 어쩔 수 없이 조급해지게 마련이다.

그는 조회시간에 고객 불만사항, 그것에 대한 대처방안, 새롭게 바뀐 정책, 오늘의 업무지침과 유의사항까지 알뜰하게 말을 채워 넣었다. 그러고는 이렇게 물었다.

"다들 알겠습니까?"

미동도 없던 직원들은 마지막 말꼬리만 기다렸다는 듯 "네!" 하고 대답했고, 바쁜 걸음으로 제자리로 돌아갔다. 자리에 남겨진 나는 생각했다.

'무엇을 알겠다는 걸까? 저 많은 말들은 다 어디로 소화된 걸까?'

나는 조회가 끝난 후 연차가 가장 오래된 상사, 중간관리자, 신입사원 이렇게 3명의 직원을 선택해서 물어보았다.

"오늘 지점장님의 이야기 중 가장 중요하다고 생각하는 것 세 가지를 우선순위대로 말씀해주시겠어요?"

그렇게 직원들의 대답을 받아 적은 다음, 나는 다시 A지점장의 방으로 들어갔다. 그리고 똑같이 물었다.

"지점장님, 오늘 아침 조회시간에 말씀하셨던 내용 중 가장 중요한 사항 3가지만 순서대로 적어보시겠어요?"

그런 다음 앞서 적어놓았던 직원들의 대답을 화이트보드에 옮겨 적었다.

"지점장님, 어떠세요? 무엇이 느껴지시나요?"

앙 다문 입술로 불편함을 드러낸 지점장은 다소 민망한 표정을 보였다. 그리고 말했다.

"열심히 한다고 했는데 저와 생각이 다르네요. 직원들에게 다 전달되지 못한 것 같습니다."

"그럼, 앞으로 어떻게 다르게 하고 싶으세요?"

"더 핵심을 강조해서 말해야 할까요?"

지점장의 말은 성과가 없어 보였지만, 여전히 '말하기'의 본능에서 벗어나지 못하고 있었다. 말로 채우지 않으면 불안한 이 마음을, 무엇으로 대체해야 할지 모르는 듯했다. 우리는 장시간의 대화를 통해 몇 가지를 약속했다.

1. 말을 줄일 것
2. 전달하고 싶은 내용을 3가지로 한정하고 한두 문장으로 정리해서 말할 것
3. 그런 후에 직원들에게 이해했는지 묻고 의견을 들을 것
4. 그래도 시간이 남으면 직원들의 애로사항을 들을 것
5. 그럼에도 시간이 남으면 일찍 끝낼 것

대화를 할 때는 말하기와 듣기의 조화가 필요하다. 상황에 따라 다르겠지만 보통 말하기와 듣기의 비중이 5:5가 되도록 신경써야 한다. 설명이나 공유 차원의 대화라면 그 비율이 7:3이 될 것이고, 위로와 격려의 대화라면 2:8이 되면 좋다. 대화에서 9할을 듣기만 한다면 관계에서 밀려난 느낌이 들고 '이 시간을 버티자' 하는 마음이 생기게 된다. 그리고 이런 경험이 몇 번 반복되면 말하라고 해도 더 이상 말하기가 싫어진다.

보통 나이가 많은 사람들은 상대적으로 경험이 적은 사람들과의 대화에서 말을 독점하는 경향이 있다. 아는 것이 더 많기 때문일 수도 있고, 상대를 위하는 마음에 말을 멈출 수 없기 때문이기도 하다. 그러나 아무리 선한 의도라고 해도 사람의 말은 생각보다 흡수율이 나쁘다.

한 귀로 흘러들어가 그대로 다른 쪽 귀로 나오기도 하고, 튕기기도 하며, 거부반응을 일으킬 수도 있다. 그래서 말은 상대가 원하는 방식으로 소화시킬 수 있을 만큼만 전달해야 한다.

부모님과 친구들이 아무리 조언과 충고, 걱정 어린 말을 전한다고 해도 그 중에서 살아남는 말은 우리가 기다렸던 말 혹은 직접 선택해서 동의한 말뿐이다. 우리는 자발적으로 듣고 싶은 마음이 들 때에 필요한 내용만 최소한으로 받아들이게 된다. 그리고 그런 마음은 너도 말하고 나도 말하는 팽팽한 균형감이 유지

되어야 일어난다. 그럼에도 불구하고 지금 이 순간에도 누군가를 향한 말을 멈추지 못한다면 그것은 대화가 아니라 말하지 않으면 불안한 스스로를 위로하는 행동일 뿐이다.

안전해야
말을 한다

"그래, 무슨 말인지 알겠네."

"그럼, 충분히 이해해."

우리는 누군가의 말을 들으면서 '안다'는 말을 쉽게 한다. 그러나 정말 알고 있는 것일까. 말은 쉽게 오고 가지만, 진짜 숨김없는 말을 듣기란 쉽지 않다. 과연 오늘 술자리에서 친구가 한 말, 맥주잔을 부딪칠 때 건넸던 말들은 진짜일까.

예전에 기업에서 근무했을 때의 일이다. 그때도 담당업무 외에 회사의 지원을 받아 사내 코치(직장 내에서 업무 외 코칭을 담당하는 직원)로 활동했었다. 신청하는 사람에 한해 매주 1번씩, 총 10

번을 주기적으로 만나서 현재의 고민이나 목표에 대한 얘기를 나눴다.

한 번은 같은 층 사무실을 쓰던 운영팀 부팀장이 코칭을 요청했다. 우리는 일련의 준비과정을 끝내고 첫 번째 만남을 가졌다. 첫 번째 만남에서는 보통 코칭을 요청한 이유, 코칭을 통해 무엇을 해결하고 싶은지 등 '코칭목표'를 구체화한다. 그녀는 이렇게 말했다.

"아시겠지만, 운영팀은 열심히 해도 티가 안나요. 다른 팀을 지원하는 업무가 많다 보니 성과를 정리할 때도 사소한 일들만 나열하게 되지요. 그래서인지 저희 팀이 노력에 비해 인정을 덜 받는 게 아닌가 싶어요. 내년에 우수팀 시상이 있잖아요. 포상도 있다던데. 이번에는 팀장님을 잘 도와서 운영팀도 상을 한번 받아보고 싶어요. 회사에서 인정받는 팀을 만들고 싶은 것이 제 목표랍니다."

아아, 얼마나 바람직한 목표인가. 팀의 성과를 높이는 데 이렇게까지 노력하겠다니. 우리는 그렇게 첫 번째 코칭을 마치고 두 번째, 세 번째, 네 번째까지 신나게 달렸다. 현재까지 운영팀이 어떤 방식으로 일해왔는지, 지금껏 발견한 한계와 가능성은 무엇인지, 앞으로 부팀장으로서 해야 할 일들이 무엇인지에 대해 열정적으로 토론했다. 그녀의 태도는 항상 진지하고 성실했다.

174

그런데 다섯 번째 만남을 마무리할 때였다. 그녀의 태도가 조금 달라졌다.

"자, 오늘 코칭도 이렇게 마무리하려고 하는데, 마지막으로 하고 싶은 이야기가 있으세요?"

여느 날처럼 마지막 질문을 던졌는데, 그녀는 왜인지 대답 대신 시선을 아래로 떨구었다. 어떤 말을 하고 싶은데 조심스러운 눈치였다. 나는 기다렸다. 그러자 그녀가 마침내 입을 열었다.

"제가 사실 이런 이야기까지는 안 하려고 했는데…"

'무슨 일이지? 코칭이 도움이 안 됐나?'

혼자 이런저런 물음표를 이어갈 때쯤 그녀가 다시 입을 열었다.

"사실… 제가 코칭 대화를 하고 싶었던 이유는 다른 데 있어요. 저와 팀장은 사실 이 계열사로 오기 전에 같은 본부에 있었어요. 게다가 동기였죠. 저도 실장이었고, 그도 실장이었어요. 그러다 우연히 비슷한 시기에 이곳으로 옮기게 되었는데 같은 팀까지 된 거예요. 전에는 제가 승진도 빨랐거든요. 그런데 여기 오면서부터 그가 팀장이 된 거죠. 제가 부팀장으로 남고요. 왜 그래야 하죠? 평가가 잘못된 거 아닐까요? 어떻게 하면 제대로 인정받을 수 있을까요?"

그녀의 마음속에는 전혀 다른 진실이 숨어 있었다. 팀장을 도와 성과를 만들어보고 싶다는 목표는 진심이 아니었다. 실은 보란 듯이 실력을 인정받아 자신도 팀장이 되고 싶었던 것이다.

"솔직하게 말해줘서 고마워요. 이런 말까지 꺼내기 조심스러 웠을 텐데 왜 마음을 바꾸게 되었는지 말해줄 수 있을까요?"

그러자 그녀는 '안전하다는 느낌'이 들었기 때문이라고 대답 했다. 대화 중 함부로 말을 가로채지 않고, 다른 의견이 있더라도 성급하게 조언하지 않았던 것이 차곡차곡 쌓여 나에 대한 믿음 이 생겼다고.

'솔직하게 말해도 될까. 비밀을 지켜준다고는 하지만 이 사람 도 팀장이지 않은가. 팀장끼리는 만날 일도 많을 텐데 어떤 식으 로든 전해지지 않을까.'

수많은 의심과 불안이 잦아들고 나서야 그녀는 숨겨진 진심을 내게 꺼내 보였다.

만약 그녀를 돕고 싶은 마음에 내 말만 바쁘게 했다면, 나만 신 나서 대화를 이끌고 갔다면 우리는 끝날 때까지 가짜 목표를 가 지고 씨름했을 것이다. 의미 없는 과제를 하느라 시간과 에너지 를 낭비했을 것이다.

사람들은 안전한 사람에게만 속마음을 열어 보인다. 어떤 이 야기를 해도 아는 척하며 평가하지 않을 사람, 어떤 이야기를 꺼 내도 성급히 결론짓지 않을 사람에게만 이야기를 나누어 준다.

많은 사람들이 대화 중에 눈치를 보느라 진실을 은폐한다. 특히 아이들이 그렇다.

부부 사이에도 정작 풀어내야 할 속내는 꺼내지 않고 세금이나 경조사 이야기만 늘어놓는다. 친구들 사이에서도 서로 듣기 좋은 말만 주고받는다.

"네, 좋은 생각이에요." (별로라고 해도 어차피 할 거잖아요.)

"어쩜 그렇게 완벽하세요." (그래야 좋아하잖아요.)

"네, 저는 괜찮아요." (안 괜찮다고 하면 또 잔소리 할 거잖아요.)

정말 좋을까? 진짜 괜찮은 걸까? 상대방의 말을 자꾸 가로채면 그들도 듣기 좋은 말, 오가기 좋은 말, 그럭저럭 때울 수 있는 말들로 시간을 채운다. 결국 들어야 하는 말을 듣지 못하게 된다. 그래서 윗사람일수록 바닥에 가라앉은 이야기는 눈치 채지 못하는 것이다.

나는 모르고, 상대방만 알고 있는 진짜가 있다. 그런 말을 듣고 싶다면 자신의 말을 줄이고, 상대방의 말을 들어야 한다.

내게도 고민이 있을 때마다 전화를 걸어오는 후배들이 있다. 듣다 보면 선배 입장에서 해주고 싶은 말이 많아진다. 실수하는 것, 길을 돌아가는 것 등이 안타까워서 자꾸만 입을 열게 된다. 그럴 때마다 후배들은 '좋은 말씀 감사합니다.', '앞으로 그렇게 해볼게요.'라고 말하지만 시간이 지나면 알게 된다. 결국 또 내 말만 하고 말았다는 것을.

후배들은 자신의 말을 들어줄 사람을 찾았던 것이지 내 말을 듣고 싶어서 전화를 걸었던 것은 아닐 것이다. 그저 어떤 말을 해도 말 그릇이 출렁이지 않을 사람, 안전한 선배가 필요했던 것이다.

나를 알아주는 사람에게
마음을 연다

다섯 살 된 아이가 장난감 정리를 하지 않았다고 엄마에게 된통 혼이 났다. 그래놓고 엄마에게 소리친다.

"엄마, 미워! 저리가! 싫어!"

그 말을 듣는 엄마도 속상하기는 마찬가지다. 하지만 그 순간을 잘 참고 아이의 마음을 헤아려본다. 해야 할 일의 한계는 정해주되, "엄마한테 혼나서 속상했구나."라고 말하며 다독여본다. 그러고 나면 어느새 아이는 싫다고 하면서도 엄마 품에 안겨온다. 엄마가 아이의 숨겨진 말을 듣고 인정해주었기 때문이다.

내 숨겨진 마음을 알아주었으면 하는 욕구는 어른들에게도 있다. 종종 본심과 다른 말을 하면서도 누구 한 명쯤은 '말하지 않아도 내 진심을 알아주었으면' 하는 기대를 가진다. '너만큼은 나를 알아주어야지' 하는 욕심을 부린다.

연인 사이에 본심과 달리 불쑥 내뱉게 되는 말은 아마 "헤어져"일 것이다. 구구절절 이유를 설명하는 게 자존심 상해서, 지난번 일 때문에 아직도 화가 나 있다는 것을 들키기 싫어서 등등 여러 가지 이유 때문에 괜히 극단적으로 말을 돌려서 한다. 하지만 그 말 속에는 '내가 이렇게 말해도 너는 내 마음을 알아줄 거지?', '어서 내 마음을 읽어줘.' 하는 바람이 들어 있다. 실상은 '나를 알아달라'는 외침이다. 이럴 때 듣는 힘이 없는 파트너들은 이런 반응을 보인다.

"뭐? 진심이야? 너 헤어지자는 말을 그렇게 쉽게 하나!"

"왜 그래? 내가 뭐 잘못했어? 말해봐. 말을 안 하는데 내가 어떻게 알아?"

상대방의 배려 없는 말에 발끈하거나, 이유가 무엇이냐고 취조하듯 캐묻는다. 왜 그런 말을 했는지 알아보려는 노력 대신 자기 말만 한다. 하지만 그런 태도를 보이면 상대방은 점점 더 자기 마음을 숨긴다. 그러다가 "바로 너의 이런 태도 때문이야!"라며 마음에도 없던 말을 더하고, 그렇게 옥신각신 말이 오가다 보면 정말 관계가 멀어지는 경우가 생긴다.

그러나 듣는 힘이 있는 사람들은 일단 이렇게 반응한다.

"내게 서운했구나? 무슨 일인지 말해줄래?"

"더 신경을 써줬어야 했는데, 미안해."

이렇게 말하면 본심과는 다른 말로 마음을 숨기고 있던 상대방도 결국 진심을 내보이게 된다.

"야! 내가 이놈의 회사 때려 치고 만다. 일하는 사람 따로 있고, 생색내는 사람 따로 있냐? 아니, 일한 만큼 대가가 있어야 할 거 아니야. 죽자고 일만 시키고 모른 척한다고!"

소주 한잔 걸치면서 당장 회사를 그만둘 거라 소리치는 사람들 중 다음 날 바로 사표를 내던질 사람이 몇이나 될까. 강한 척하는 모습 뒤에 숨겨진, 여리고 여린 본심은 이것이다.

'인정받고 싶다.'

'실력을 제대로 보상받고 싶다.'

그것을 상사가 알아주길, 지금 테이블 건너에 앉은 친구만은 보듬어주길 바라는 것이다. 이때 듣는 힘이 있는 친구라면 이렇게 말해줄 것이다.

"속상하겠네. 실력을 제대로 인정받을 수 있는 기회였는데."

"네 실력을 증명했는데, 그것도 몰라주니 화가 날 만하네!"

그러나 듣는 힘이 없는 친구라면 이렇게 말할 것이다.

"회사가 다 그런 거 아니겠냐? 네가 참아라. 별 수 있냐."

"그건 별일도 아니야. 얼마 전에 우리 회사에서는 어떤 일이 있었는지 아냐?"

듣는 힘이 있는 사람들은 상대가 표현하는 말과 차마 드러내지 못한 말을 모두 듣기 위해 노력하지만, 말하는 힘만 센 사람들은 친구의 이야기를 소재 삼아 스스로 주인공이 되려 한다. 조언, 위로, 함께 욕하기 등이 친구를 위한 편들기 같지만 끝까지 들어보면 자신을 드러내는 말에 가까울 때가 많다. 그러다가 결국에는 친구를 밀치고 대화를 점령하고 만다.

우리에게는 교정반사라는 본능이 있다. 상대방의 문제를 적극적으로 고쳐주고 싶은 욕구를 말한다. 하지만 아이러니컬한 것은 교정반사가 강해질수록 오히려 상대방은 변화하지 않으려고 애를 쓴다는 것이다. 누군가가 나를 바꾸려고 할수록 그것에 더욱 저항하게 된다. 물론 교정반사의 밑바닥에도 타인을 돕고 싶어 하는 선의가 있다. 그러나 실제로 그 뜻대로 되는 경우는 거의 없다.

"어떤 사람과 대화하고 싶냐"고 물으면, 사람들은 조언을 늘어놓는 사람보다 심정을 알아주는 사람과 대화하고 싶다고 말한다. 말로 일으키려는 사람보다 내 이야기를 제대로 들어주는 사람, 그래서 결국 내 마음을 털어놓게 만드는 사람이 좋다고 한다.

고쳐주고 싶겠지만 고치려고 하지 말고, 간섭하고 싶겠지만 간섭하지 말자. 숨은 이야기까지 들으려고 한다는 것은 '있는 그대로의 모습을 수용한다'는 의미다. 불평하는 말을 고쳐주려고만 하면, 그 속에 숨은 '잘해보고 싶은데 뜻대로 되지 않아 답답한 마음'까지는 알아볼 수 없다. 답답하다고 앞뒤 재지 않고 간섭하려 들면 그 뒤에 숨어 있는 '인정받고 싶은 마음'은 알아볼 수 없다.

관계란 '편하게 생각하라'고 해서 편해지는 것이 아니다. 그것은 내 말을 줄이고 상대방의 말에 관심을 보일 때 자연스럽게 편해지는 것이다.

듣기를 오해하는 당신에게

첫 번째 오해

경청은 참고
들어주는 것이다

"끝까지 참고 들어요."

"눈을 마주치며 고개를 끄덕거려요."

많은 사람들이 경청이란 참고 듣는 것, 눈을 마주치고 끄덕이며 추임새를 넣는 것으로 알고 있다. 그래서 어떤 분은 "경청 그거 뭐 따로 배워야 하나요? 그냥 잘 들으면 되는 거 아닌가요?"라고 말하기도 한다. 그러나 이것이야말로 경청에 대한 가장 심각한 오해다.

경청은 듣기 싫은 이야기도, 관심 없는 말도 그냥 참아내는 기술이 아니다. 경청은 이런 소극적인 태도로는 오를 수 없는 가파른 고개다. 말 속에 숨어 있는 진심이란 종종 험하고 깊은 골짜기

속에 감춰져 있기 때문에, 상대방의 말을 제대로 이해하고 들으려면 다양한 능력의 조합이 요구된다.

우선 관찰력이 필요하다. 상대방의 표정과 눈빛, 손동작, 자세 등도 하나의 말이 될 수 있다. 동작언어를 놓치지 않고 읽어내는 능력이 필수적이다.

이해력과 상황판단 능력도 중요하다. 들을 때 단어 각각의 의미뿐 아니라 그 사람만의 독특한 표현 구조, 길고 지루하게 꼬여 있는 앞뒤의 맥락을 연결하여 전체를 파악할 수 있어야 한다. 같은 말이라도 상대방이 어떤 상황에 놓여 있는가에 따라서 말하고자 하는 의도, 전달하는 뉘앙스가 달라진다.

직관력, 상상력, 추리력도 필요하다. 상대방의 말을 들을 때 직관적으로 느껴지는 기운으로 이야기를 가려내고 공감할 수 있어야 한다. 그리고 이러한 능력들이 동시다발적으로 발휘되어야 비로소 가능해지는 게 경청이다.

사실, 우리는 제대로 듣지 않을 때가 대부분이다. 리모컨을 돌리면서 "말해." 하는 것, 모니터에 코를 박은 채 "무슨 일인데, 짧게 말하고 가."라고 하는 것, 휴대폰을 응시하면서 "듣고 있어." 하는 것 모두 '듣기'가 아니다. 듣는 척이다.

제대로 들으려면 에너지가 필요하기 때문에 체력이 저하되어 있거나 마음이 어지러울 때는 듣기의 기술을 발휘하기가 힘들다. 집중이 어려워지니 자꾸 딴 생각이 나고 이야기의 흐름을 놓치게 된다. 그럴 때는 마지못해 앉아 있는 것보다, 할 수만 있다면 차라리 '듣는 게 어렵다'고 양해를 구하는 게 더 낫다. '네 얘기를 듣고 싶은데, 지금은 너무 지쳐 있으니 다음에 이야기하면 어떻겠냐'고 솔직하게 말하는 게 낫다. 평소에 상대방의 말을 진심으로 들어줬던 사람이라면, 그래서 그 사람과의 관계가 견고하다면 그러한 양해는 충분히 받아들여질 것이다.

에너지가 있을 때 제대로 듣고, 에너지가 없을 때는 회복하는 시간을 갖자. 경청은 참는 것이 아니라 다양한 능력을 발휘해야 하는 것이기 때문에 억지로 듣는 척하다 보면 금방 들통나게 마련이다.

미국의 철학자 존 듀이의 말처럼 '사람은 누구나 중요한 사람이 되고 싶은 욕망'을 가지고 있다. 말하는 순간만큼은 가장 중요한 사람으로 대우받기를 원한다. 찰나의 눈빛과 한마디 말에도 반응하는 사람 앞에서 그는 자신의 마음을 열게 된다.

내가 너를 위해 참고 들어준다는 것은 상대를 무시하고 기만하는 행위다. '아, 듣고 있다니까! 이렇게 해도 다 들려!'라고 건

성으로 말하는 것은 '너는 내게 중요한 사람이 아니야.', '네 말은 그만한 가치가 없어.'라고 말하는 것과 같다. 한 사람의 세상 속에서는 자신이 주인공이다. 그것을 '참지 않고 알아줄 수 있는' 사람만이 환영받는 법이다.

경청은 고개를 끄덕이며
호응해주는 것이다

경청 기술에 관해 사람들이 자주 언급하는 법칙이 있다. 한 번 말하고, 두 번 듣고, 세 번 맞장구를 치자는 뜻으로 만들어진 이른바 1-2-3법칙이다. 하지만 이것을 도식적으로 강조하다 보면, 마치 이것이 경청의 전부라고 착각하는 경우가 생긴다.

영화나 드라마에서는 시청자의 감정이입을 극대화하기 위해 상황에 어울리는 음악을 삽입한다. 1-2-3법칙도 이와 동일하다. 끄덕이고, 눈을 마주치고, 맞장구를 치는 것은 말하자면 대화에 삽입되는 적절한 BGM인 것이다. 그러니 이 법칙을 기계적으로 사용하기보다는 경청의 본질에 집중하면서 BGM을 삽입한다는 느낌으로 사용하는 게 더 적절하다.

게다가 나는 이 1-2-3법칙보다는 내가 '조율하기'라고 부르는 기술을 더 추천한다. '대상에 맞게 조절하여 맞춘다'는 뜻으로, 대화할 때 상대방이 익숙한 방식으로 반응해주는 기술이다. 이 '조율하기'를 적절하게 사용하면, 말하기에 대한 상대방의 부담을 덜어줄 수 있다. 당연히 대화가 자연스러워진다.

조율하기를 잘하려면 아래와 같은 3가지 기술을 함께 사용하는 게 좋다.

· 바라보기
· 같이 걷기
· 소리내기

일단 '바라보기'에 대해 알아보자. 모든 대화는 눈 맞춤에서 시작된다. 눈빛과 눈빛을 마주쳐야 비로소 대화가 된다. 시선은 말의 방향을 결정짓는다. 눈을 마주치면서 말을 해야 그 말이 온전히 상대방에게 가 닿고, 말하는 상대방을 응시해야 '너의 말을 듣고 있다, 들을 준비가 되어 있다'는 메시지를 상대방에게 전달할 수 있다.

두 번째 기술은 '같이 걷기'다. 대화는 산책과 같다. 혼자서만 앞으로 뛰어나가지 않고, 그렇다고 너무 뒤처지지도 않은 채 상대방의 속도에 맞추어 함께 가야 한다. 상대방이 가쁜 숨을 몰아쉬면서 흥분할 때나 말이 느려지면서 조심스러워 할 때 등 상대방의 호흡과 목소리 크기, 동작들을 살펴서 적절하게 반응하도록 한다. 이때 가장 효과적으로 사용할 수 있는 기술은 '끄덕거림'이다. 시각적 메시지는 사람에게 커다란 영향을 미친다. 상대방의 말하기 속도와 강도에 맞춘 '끄덕임'은 상대방의 이야기를 잘 따라가고 있다는 것을 보여주는 가장 확실한 방법이다.

마지막으로, '소리내기'를 알아볼 차례다. 소리내기란 상대방의 이야기에 끝까지 집중하고 있다는 신호를 '음성언어'로 전달하는 것이다. "그랬구나.", "정말?", "맞아." 등과 같은 추임새나 "그래서?", "어떻게 된 거야?", "자세히 말해봐"처럼 다음 대화를 이끌어 내는 표현들이 이에 속한다.

시선을 맞추고, 보조를 맞추고, 소리로 표현하는 것에도 엄청난 집중력이 요구된다. 이것을 실행하다 보면 자연스럽게 말이 적어질 수밖에 없다.

그런데 여기서 주의해야 할 점이 하나 있다. '1-2-3법칙'이나 '조율하기' 등은 초기 관계 형성에는 유용하지만 과도하게 사용하면 오히려 관계를 얕게 만들 수도 있다는 점이다. 자칫하면 "그랬구나.", "그렇구나"만 반복하다 대화를 끝맺게 될 수도 있다. 대화가 도입을 지나 절정을 향해 갈수록 단계에 맞는 또 다른 기술을 적절히 사용할 줄 알아야 한다.

듣기 실력이 필요한 당신에게

'듣기'의 재발견

가장 경청하기 어려울 때는 아마도 불평불만이 많은 사람과 대화를 지속해야 할 때일 것이다. 이것은 이래서 문제고, 저것은 저래서 문제고. 못하겠다는 하소연을 듣는 것도 한두 번이지 짜증이 날 수밖에 없다.

"선배님, 이건 너무한 거 아닙니까? 저희들이 기계도 아니고 매일같이 야근하고, 지난주에는 새벽작업까지 했다고요. 회사 사정이 급하니까 어쩔 수 없지만 너무 당연하게 야근을 요구하는 게 문제예요. 얼마나 직원들을 무시했으면 당연하게 그걸 요구합니까."

회사 후배가 이런 불평을 쏟아낼 때 반응 유형에 따라 크게 세 가지로 나눌 수 있다.

첫 번째는 '나도야' 유형이다. 이를테면 "그러게 말이야, 나도 죽겠다. 그래도 목구멍이 포도청이니 어쩔 수 없지."라고 대꾸하는 식이다. 하지만 이렇게 반응하면 후배는 더 이상 말을 터놓기가 어려워진다.

두 번째는 '미안해' 유형이다. 후배의 하소연을 자신에 대한 원망으로 받아들여서 "미안하다. 내가 막아주고 그래야 하는데."라고 반응한다. 그러면 후배는 "아니, 저는 그런 뜻이 아니고…." 하면서 역시 입을 닫게 된다.

마지막은 '해결사' 유형이다. 이 유형의 선배들은 "그래? 그럼 이번 주 하루 휴가 써."라고 임시방편을 마련해주거나, "한 명 더 붙여줄게. 그럼 좀 낫지 않겠어?"라며 꽉꽉 밀어준다.

그러나 누군가가 나에게 고민을 털어놓을 때 그것을 자신의 짐으로 받아들이거나 해결하기 위해 대신 애쓰기 시작하면 듣기 자체가 어려워진다. 스스로 부담을 짊어지게 되면, 많은 사람들의 고민을 껴안기가 힘들어진다. 마음의 공명이 잘되려면 적당한 거리감이 확보되어야 한다. '너와 나는 하나'가 아니라, '너의 곁의 나'가 되어야 하는 것이다. 문제해결로만 접근하는 것은 서로의 거리가 너무 멀거나 지나치게 가깝다는 뜻이다. 둘 다 부담스럽다.

『비폭력대화』라는 책이 있다. 갈등관계에서도 인간성을 잃어버리지 않고 평화적 대화를 하게 돕는 책이다. 그 책에 이런 구절이 있다.

"공감으로 들어줄 때는, 상대를 돕기 위해 문제해결 방안이나 부탁을 들어주는 쪽으로 관심을 돌리기 전에, 상대방이 충분히 자신을 표현할 수 있는 기회를 주는 게 중요하다. 문제해결에 너무 서두르게 되면 우리의 진정한 관심이 상대방의 느낌과 욕구에 있다는 걸 제대로 전달할 수 없다. 또한 사람들이 대화 초기에 꺼낸 말은 종종 빙산의 일각과 같다. 그런 말들 다음에는 아직 표현되지는 않았지만 더 강한 느낌이 따라 나올 수 있다. 상대방의 마음속에서 일어나는 일에 계속 관심을 둠으로써, 상대에게 자신의 마음속을 조금 더 깊이 관찰하고 표현할 수 있는 기회를 제공하게 된다."

공감을 지속하는 게 무엇보다도 중요하다. 문제해결이 필요한 상황인가 아닌가를 논하는 것은 그 다음이다. 다른 조치가 필요할 수도 있고, 마음을 알아주는 것만으로 충분할 수도 있다. 말을 하는 사람도 상대방이 해결할 수 없는 부분이라는 것을 잘 알고 있다. 기억하자. '해결사' 역할을 하고 나면 속은 시원할지 모르지만 성급하게 해결책으로 몰아가는 것은 더 깊은 마음 대화를 방해하고 만다. 마음에서 서둘러 몰아내지 말고 함께 머물러 줄 수 있어야 한다.

이제 진심을 끌어올리는 듣기의 기술 몇 가지를 알아보자. 상대의 말에 따라 울지 않고, 미안하다며 물러서지 않고, 성급하게 해결하는 사람이 되지 않으려면 어떻게 해야 할까.

이때 기억해야 할 세 가지 포인트를 정리해보자면 다음과 같다.

Fact (사실 듣기) : 주요 내용을 요약한다.
Feeling (감정 듣기) : 진짜 감정을 확인한다.
Focus (핵심 듣기) : (말하지 않더라도) 알아주었으면 하는 핵심 메시지를 발견한다.

이른바 3F다. 각각의 기술을 별개로 사용할 수도 있지만, 함께 사용하는 게 더 큰 시너지를 일으킨다.

사실 듣기

사실 듣기란 상대가 말한 내용들을 정리하며 듣는 것이다. 사람들은 말을 할 때 보기 좋게 디자인하여 전달하지 않는다. 이 이야기 했다가 저 이야기로 건너뛰기도 하고, 군더더기도 많고, 과장하기도 한다. 그럴 때 지금까지의 내용을 간단하게 요약하는 기술이 필요한데 이것이 사실 듣기다. 상대방이 들려주었던 장황한 내용을 짧게 한두 문장으로 정리하여 다시 들려주는 기술이다. 앞에서 나온 불평 많은 후배 앞이라면, 예를 들어 이렇게 말해줄 수 있다.

"계속되는 야근이나 새벽작업을 너무 당연하게 생각하는 것 같다는 말이지?"

이때 자의적인 해석을 붙여서 말하기보다 상대가 말한 표현 그대로 반복해서 말하는 게 좋다. 사실 듣기를 중간 중간 사용하면, 상대방도 '내 이야기를 제대로 듣고 있구나.' 하고 안심한다. 물론 맥락을 벗어나는 방향으로 대화가 흘러가는 것을 미리 방지할 수도 있다. '아 내가 그렇게 말했나? 사실은 이런 뜻이었는데.' 하며 방향을 다시 한 번 정리할 수 있는 기회가 되기도 하고, 공감의 분위기를 끌어올리는 기회가 되기도 한다.

"그러니까 ~란 말이지?"

"잠시만, 내가 이해한 게 맞는지 확인하고 싶은데…."

"나는 이렇게 이해했는데, 맞아?"

이렇게 다양한 표현을 활용해볼 수 있다.

이 기술은 특히 비즈니스 대화에 유용하다. 내 말을 상대방이 어떻게 받아들였고 또 어떻게 이해했는지 정확히 확인하는 게 비즈니스 대화의 핵심이기 때문이다. 회의시간이나 미팅 때 사실 듣기 기술을 사용하면 오해의 확률을 줄일 수 있다.

"방금 우리가 이야기한 것을 정리하고 싶은데, 김 대리가 확인해주겠어?"

"그러니까 김 과장 의견은 ~라는 거지? 내가 이해한 게 맞나?"

"저는 부장님의 말씀을 ~라고 이해했습니다. 수정할 사항 있으십니까?"

사실 듣기를 자연스럽게 주고받다 보면 잘못 이해한 부분에 대한 조정이 가능하다. 그러나 지레짐작으로 대화를 마무리하면 "내가 언제 그렇게 말했어?", "분명히 그렇게 말씀하셨잖아요." 하면서 속 터질 일이 생긴다. 회의와 미팅에서 서로의 위치에 상관없이 서로의 대화를 확인하는 분위기를 조성해보자. 물론 윗사람이 먼저 제안하는 게 좋다. 이것이 문화로 정착되면 업무의 효율성이 높아질 뿐 아니라 관계에서 발생하는 갈등도 줄어들게 된다.

감정 듣기

감정 듣기란 말하는 사람의 감정을 파악하여 말로 표현하는 것이다. 모든 사건과 상황에는 감정이 숨어 있다. 감정은 부정적인 것이든 긍정적인 것이든 제 나름의 역할을 하고 있다. 그러나 대부분의 사람들은 1차적인 감정, 즉 가장 먼저 일어나는 직관적이고 솔직한 감정을 직면하려고 하지 않는다. 자신의 감정을 있는 그대로 느끼고 표현하는 것을 어려워한다. 그렇게 되면 슬퍼도 언성을 높이고, 당황스러워도 소리를 지르는 충동적인 행동을 보이게 된다.

이때, 듣는 사람이 상대가 보여주는 눈빛, 표정, 목소리, 자세 등을 자세히 살펴보면서 감정을 읽어내고 적절하게 대응하면 비로소 숨어 있던 감정이 밖으로 나오게 된다.

"그동안 많이 지치고 서운했겠어."

계속되는 야근과 부당한 대우에 씩씩거리는 후배를 참을성 없는 사람으로 보지 않고 그 속에 숨어 있는 서운한 마음을 알아본 후 이렇게 반응한다면 후배의 마음은 어떨까. 아마 상대방이 콕 짚어준 자신의 감정을 마주하면서 비로소 진짜 위안을 받은 기분을 느낄 것이다.

최근 남자친구와 이별한 후배가 전화를 걸어온 적이 있었다.

"요즘 어때? 괜찮니?" 하고 묻자 후배는 담담하게 말했다.

"어쩔 수 없으니까요. 더 이상 해볼 수 있는 게 없어요. 관계를 회복하기 위해 제가 할 수 있는 노력은 다한 것 같아요. 그러니 괜찮아요."

말로는 괜찮다고 했지만 분위기는 전혀 그렇지 않았다. 목소리는 경직되어 있었고, 한 글자 한 글자 말할 때마다 무언가를 꾹꾹 눌러 담는 듯했다. 게다가 목소리가 지나치게 담담하고 건조했다. 그녀는 '어쩔 수 없다'는 말을 여러 번 반복해서 말했다. 그 말을 들을 때마다 상처를 애써 덮으려는 그녀의 마음이 고스란히 전해졌다.

"어쩔 수 없다는 말이 여전히 슬프게 들리네. 허무한 느낌이

겠어."

내가 이렇게 말하자 돌연 그 후배가 와 하며 울음을 터뜨렸다.

"선배, 너무 슬프고 공허해요. 극복할 수 없을 것 같아요."

그렇게 한참을 울던 후배는 울음 끝에 '우니까 좀 낫다'며 속삭였다. 씩씩한 척했지만 속으로는 누군가에게 힘들다고 털어놓고 울고 싶었던 것이다.

감정은 거대한 소용돌이처럼 휘몰아치다가도 누군가가 그 이름을 불러주면 재빨리 짐을 정리하고 떠난다.

"당황스러웠지. 정말 놀랐겠다."

"속상했지. 마음이 힘들었겠어."

이렇게 제대로 된 이름을 불러주면 감정은 더 이상 마음을 휘젓지 않고 사라진다. 반면에 존재가 확인되지 못한 감정은 출구를 찾을 때까지 마음 어딘가를 떠돌면서 계속 생채기를 낸다. 그래서 슬픈 건지, 아픈 건지, 부끄러운 건지 모른 채 살아가면서 점점 더 감정에 무뎌지게 된다.

일상 속에서 대부분의 우리는 느끼지 않고 생각한다. 문제를 분석하고 대안을 마련하는 것에는 익숙해 하면서 느끼고 음미하는 것에는 어색해 한다. 전략적 대화는 능숙하게 하지만 정서적인 대화는 불편해 하고, 사실적인 대화는 익숙하게 하지만 관계의 대화는 부담스러워 한다. 그러면서도 입으로는 '사람이 중요하다', '관계가 좋아야 일이 되지.'라며 모순을 드러낸다.

어쩌면 우리는 솔직한 감정 한마디를 드러내지 못해서 그렇게 불필요한 말을 하는 것인지도 모른다. "외롭고 힘들어요. 위로해 주세요."라는 말을 못해서 누군가를 욕하고 세상을 비난하며, "내가 부끄럽네. 미안해. 후회하고 있어."라는 말을 못해서 상대를 질책하게 되는 것은 아닐까.

사람 대 사람으로 연결되고 싶다면 이 감정 듣기를 충분히 잘 활용해야 한다.

핵심 듣기

핵심 듣기란 말하는 사람이 표현하지는 못했지만, 사실은 알아주었으면 하는 속마음이나 핵심 메시지를 발견하며 듣는 것을 뜻한다. 사람들은 사건 자체가 불러오는 부정적인 감정에 압도돼 그 너머에 있는 본심을 챙기지 못한다. 기대가 없으면 실망할 일도 없다. 잘해보고 싶었던 긍정적인 의도가 있었기에 실망이나 서운함 같은 감정이 생겨나는 것이다. 그럼에도 불구하고 처음에 가졌던 기대나 목적, 의도는 까맣게 잊어버리고 그 순간의 감정에만 매몰된다.

"어떤 기대를 가지고 있었던 걸까?"

"무엇에 실망해서 화가 난 걸까?"

"그가 정말 해내고 싶은 것은 무엇일까?"

앞의 예시에 나온 후배는 어떤 마음으로 선배에게 부당한 대우라고 말했던 것일까? 그는 회사나 조직에 어떤 기대를 가지고 있을까? 무엇을 원했고, 또 무엇이 잘되지 않아서 저렇게 속상해 하는 것일까. 아마도 열심히 일한 만큼 존중받고 싶었던 것은 아닐까. 어쩔 수 없이 야근을 하게 되더라도 숨겨진 노력을 알아봐 주길 바랐던 것이 아닐까.

'일하기 싫으니까 뺀질거리네.'

'다 참고 하는데 유별나게 왜 저래?'

만약 속으로 이런 생각을 하고 있다면 아무리 자신의 공식이나 상대방의 공식을 알고 있어도 핵심 메시지를 찾아내기 힘들다. 상대방을 NOT OK 관점으로 바라보면서 본래 게으르고 동기가 낮고 쓸모없는 존재라고 생각하면 당연히 그가 가졌던 애초의 좋은 의도와 기대는 발견할 수 없다. 그러나 OK 관점, 즉 의욕적이고 좋은 동기를 가지고 있으며 가능성 있는 존재로 바라보기 시작하면, 어떤 상황에서도 숨겨진 핵심 메시지를 찾아 낼 수 있다.

"열심히 일한 만큼 존중받고 싶다는 말이잖아, 그렇지?"

후배의 핵심 메시지를 제대로 읽은 선배라면 아마 이렇게 대답해줄 것이다. '지치고 속상하지'라고 후배의 숨겨진 감정을 읽어주고, 그의 핵심 메시지를 캐치해 위와 같이 말해준다면 후배는 더 불만을 늘어놓기보다는 감정을 수습하고 '잘해보고 싶었던' 본래의 좋은 의도로 돌아갈 수 있다.

가끔 이런 질문을 던지는 사람도 있다.

"그 후배에게 처음부터 긍정적인 의도가 없다면요?"

물론 그럴 수도 있다. 순간적으로 짜증이 나서, 제대로 일하지 못하는 사람들을 보니 덩달아 귀찮아져서 충동적으로 꺼낸 말일 수도 있다. 하지만 그러한 말이라도 귀한 의도로 바라봐주면 "아…그렇죠. 이왕 하는 거 잘해 보고 싶죠." 하며 자신의 마음에 집중하게 된다. 더 이상 길게 투정부리지 않게 된다.

부정적인 감정은 '출입금지' 말뚝을 세워 놓는다고 막을 수 있는 게 아니다. 갈 곳을 잃고 방황하는 감정들을 해소하려면 감정 자체를 막는 게 아니라 길을 새롭게 내줘야 한다. 물이 흐를 수 있도록 수로의 방향을 틀어줘야 한다.

그렇게 길을 새롭게 내는 작업이 바로 '핵심 듣기'다. 핵심 메시지를 잘 찾아서 적절한 반응을 해주면 부정적인 감정이나 말이 멈춘다. 더불어 새로운 기대를 일으킬 수 있다. '못하겠다, 안 되겠다, 힘들다' 하는 사람이 있다면, 그 감정을 막으려고 하지 말고 숨겨진 메시지를 찾아보자. 뒤집어서 들어보는 거다. 그래야 그 사람이 더 빨리 제자리를 찾을 수 있다.

대학원 진학을 준비하던 친구가 어느 날 전화를 걸어와 이렇게 말했다.

"나이 먹고 공부하려니까 힘들어서 못해 먹겠어. 대학원 준비하는 게 이렇게 고된 일인 줄 몰랐네. 서류도 많고, 필기시험에, 내가 보는 대학원은 면접도 엄청 까다롭대. 그만둬야 할까봐."

그때 나는 섣불리 동의하는 대신 이렇게 말했다.

"그래, 준비할 게 많구나. 그렇지만 너는 그 어려운 과정을 다 잘해내고 싶은 거지?"

그러자 갑자기 친구의 입에서 전혀 다른 말이 쏟아져 나왔다. 대학원 입학이 자신에게 어떤 의미인지, 그동안 얼마나 준비를 열심히 해왔는지 친구는 신이 나서 설명하고 있었다. '못하겠다'던 친구는 이미 온데간데없었다.

강의를 맡게 된 고객사의 담당자가 여러 번 전화를 걸어서 설명을 반복한 적도 있었다. 대개는 한두 번의 통화로 마무리되기 마련인데, 본인도 지나치다 싶었는지 전화를 하면서도 '제가 좀 걱정이 많은 편이죠? 처음 하는 행사라서요.'라고 말했다. 그때

나는 이렇게 말했다.

"다들 고생하는데, 그만큼 좋은 결과를 만들고 싶으신 거잖아요. 실수 없이 제대로 하려고 점검하시는 것 알고 있어요. 이번에 잘돼야 다음에도 계속 진행할 수 있고요."

그러자 담당자는 '자신을 깐깐한 사람'으로 볼까봐 걱정했다며, 이번 프로젝트를 향한 더 깊은 열정을 드러냈다. 중요한 것은 그 후로 그는 다시 전화를 걸어 설명하지 않았고, 나는 지금도 그 회사와 좋은 관계를 맺고 있다는 것이다.

바로 어제는 신랑이 이런 이야기를 꺼냈다.

"우리 팀 경력사원을 뽑는데 인사과에서 나한테 다 넘기는 거야. 난 채용 경험도 없는데 말이야. 그거 준비하느라 머리가 지끈지끈하네."

그때 난 이렇게 대답했다.

"공정하게 좋은 사람 뽑아야 하니 힘들겠다. 그래도 고생한 만큼 결과가 좋으면 정말 뿌듯하겠어."

그러자 어느새 인사과에 대한 원망이 쏙 들어갔다. 오히려 지금까지 준비하고 진행해온 일들에 대해 신명나게 설명하기 시작했다.

사람들은 누구나 마음속에 '긍정적인 의도'를 갖고 있다. 열심히 살고 싶고, 주어진 것들을 잘해내고 싶은 마음이 있다. 후배에게 핀잔을 주는 선배라고 해서 애초에 괜찮은 선배가 되고 싶은 바람이 없었을까? 참지 못하고 아이에게 소리를 질러댄 엄마라고 해서 좋은 엄마가 되려는 다짐이 없었을까? 상처 주는 말을 주고받는 부부라고 해서 멋진 커플이 되고 싶은 기대가 애초부터 없었을까?

다만 우리에게 필요한 것은 그 마음이 쉽게 사그라지지 않도록 알아봐주는 것이다. 첫 마음이 얼마나 귀한지 모르고 자신조차 소홀하게 대할 때, 가장 가까이에 있는 사람이 그것을 소중히 다루어주면, '긍정적 의도'의 싹은 푸른빛을 잃지 않는다.

연습하기

이번에는 다른 상황을 통해 3F(사실 듣기-감정 듣기-핵심 듣기)를 연습해보자. 공동 프로젝트를 위해서 각 팀의 대표가 모여 회의를 하고 있다. 그런데 회의가 끝난 후에 후배가 와서 이렇게 불만을 늘어놓는다.

"다들 생각이 있는 건지 없는 건지. 협업을 할 거면 맡은 일을 제대로 해야 하는 거 아닙니까? 하는 둥 마는 둥 한심해 죽겠어요."

이럴 때는 어떤 말을 해주는 게 좋을까? 후배를 OK 관점으로 바라보면서 3F 방법을 사용하면 무엇을 발견할 수 있을까? 일단 다음 빈칸을 채워가며 연습해보자.

Fact (사실 듣기) : _____

Feeling (감정 듣기) : _____

Focus (핵심 듣기) : _____

선배는 "네가 참아라."라고 다독이거나 "웃긴 놈들이네." 하면서 같이 욕할 수도 있고, "누가 문제야! 내가 해결해줄까?" 하면서 개입할 수 있다. 그러나 경청은 허락 없이는 더 나아가지 않는 것이다. 상대가 말하는 키워드를 듣고, 감정을 헤아려보고, 직접 말하지는 않지만 숨겨져 있는 핵심을 찾아내야 한다.

*3F 기술의 예

"맡은 일들을 제대로 해오지 않나 보네." (Fact/사실 듣기)

"답답했겠어. 화도 나고." (Feeling/감정 듣기)

"그만큼 책임감을 가지고 이번 프로젝트를 잘 해내고 싶은 마음이 느껴져."
(Focus/핵심 듣기)

'칼 로저스'는 경청에 대해 이렇게 말했다.

"깊이 있게 듣는다는 것은 단어나 생각, 감정, 개인적인 의미, 심지어는 말하는 사람의 의도 밑에 깔려 있는 의미까지 듣는다는 뜻이지요. 때때로 나는 그리 중요하지 않은 메시지 속에서 그 사람의 겉모습 아래 깊이 파묻혀 있는 인간적인 절규를 듣기도

합니다."

　누군가의 말을 제대로 듣기 위해서는 발굴하듯이, 탐험하듯이, 채집하듯이 사람의 감정과 메시지를 찾아내려는 집중력과 노력과 세밀한 기술이 필요하다. 그래서 '듣기' 능력이 큰 사람은 말 그릇도 클 수밖에 없다.

　친구의 이야기에 쉬지 않고 대꾸하며 자기 말을 이어나가는 사람을 볼 때, 팀원의 말을 기다리지 못하고 먼저 입을 여는 상사를 볼 때, 아끼는 후배에게 이래라 저래라 조언하며 "나니까 이렇게 말하는 거야. 걱정돼서 그렇지."라며 위안하는 사람들을 볼 때 나는 속상하다.

　우리는 사람의 마음에 관심을 가질 필요가 있다. 그것이 어떻게 움직이고 작동하는지 주시해야 한다. 누군가에게 받아들여지고, 무조건적으로 인정받은 경험이 있어야 자신과 타인을 신뢰하고 앞으로 나아갈 수 있다. 어릴 때는 가정과 부모님이 그 역할을 하지만 사회에서는 친구, 동료, 선배가 서로에게 그런 모습이 되어주었으면 한다. 좋은 사람들과 함께 하고 싶다면 그들의 말을 먼저 받아주자. 상대의 마음을 열고 싶거든 입을 열지 말고 귀를 열어보자.

말 그릇이 깊어지는 '말하기' 기술

Part 4

우리는 완전하고 흠이 없는 말을 꿈꾼다. 논리정연하고 체계적이며 자연스러워서 틈이 없는 말을 소유하기를 바란다. 그래서 가능하면 말을 완제품으로 상대방에게 실어 나르려고 애쓴다. 대화에서 말을 거침없이 쥐었다 폈다 하는 사람들을 두고 '말 잘하는 사람'이라고 부르며 부러워한다.

그러나 사람을 담는 말은 보이는 재주와는 다르다. 말로 꽉 채우지 않고, 사람이 머물 공간을 비워둘 수 있어야 한다. 말 자체가 빛나기보다는 사람을 돋보이게 해야 한다.

그리고 '질문'이야말로 그러한 본질에 가장 적합한 말하기 기술이다. 이 기술은 효율적이다. 많은 말을 하지 않고도 값진 대화를 경험하게 한다. 게다가 창조적이다. 어떤 질문을 하는가에 따라 대화의 방향이 달라지고, 말하는 사람이 숨겨둔 지혜를 얻을 수도 있다. 마지막으로 관계적이다. 질문하는 사람과 질문받는 사람의 관계가 보다 더 특별해진다. 질문하고 답을 하고, 또다시 질문하는 과정에서 서로의 마음이 열리고 생각을 공유하게 된다.

물론 이 기술을 사용하려면 무엇보다도 상대방의 세계에 호기심을 갖고 있어야 한다. 관심이 없다면 질문할 거리를 생각해낼 수 없을 것이고, 상대방의 관점을 신뢰하고 존중하지 않으면 경청할 수 없을 것이며, 그 후에 또 다른 질문을 던질 수도 없을 것이다.

당신은 질문을 제대로 사용해본 적이 있는가? '질문하기'를 통해 효

율적이고 창조적이며 관계적인 대화를 해본 적이 있는가? 지금부터

말 그릇이 깊어지는 질문이란 무엇인지, 질문을 잘하기 위해 고려해

야 할 것들과 관계에서 필요한 질문 기술은 무엇인지 알아보자.

왜 우리는 질문하지 않을까

질문은
힘이 세다

회사를 다니던 때 퇴사를 고민하던 시기가 있었다. 직속선배에게 어렵게 그 말을 꺼내자 놀란 토끼 눈이 된 선배는 나를 만류했다. 시간이 날 때마다 나를 설득했다. 지금 회사를 그만두면 안 되는 이유에 대해 말하고 또 말했다. 그런데 선배가 그렇게 말할수록 이상하게 그만둬야겠다는 결심은 더욱더 강해졌다. 머물러야 하는 이유를 댈수록, 떠나야 하는 이유가 확실해지는 기분이었다.

곧이어 내가 그만둘 거라는 소문이 회사에 파다하게 퍼졌다. 그러자 또 다른 선배가 나를 불렀다. 그는 직속선배보다 직급이 하나 더 높았다. 방에 들어가니 차 한 잔이 준비되어 있었다.

'무슨 말할지 뻔하지, 뭐.'

그동안 퇴사만류에 지칠 대로 지친 나는 기계적으로 내가 할 말을 준비했다.

이윽고 선배가 운을 떼었다.

"회사를 나가서 하고 싶은 일이 뭔지 물어도 될까?"

"네?"

"이 정도로 확고하다는 것은, 확신이 있다는 뜻이잖아."

"아… 네네. 저는….”

예상과 다른 질문에 적잖이 당황한 나는 새로 시작하고 싶은 일에 대해 띄엄띄엄 설명했다. 코칭을 본격적으로 배우고 싶다고. 선배는 주의 깊게 들으면서 고개를 끄덕이고 중간 중간 질문을 던졌다. 잠시 생각을 정리하던 선배는 또다시 내게 물었다.

"네가 원하는 일을 지금 이 회사에서 할 수 있다면 어떨까?"

코칭 일을 담당할 수 있도록 업무를 조정하거나 새로운 보직으로 이동하는 등의 방법을 찾아보면 어떻겠냐는 말이었다. 그것에 대한 내 생각을 묻고 있었다.

"아뇨. 시도는 해볼 수 있겠지만 최종 그림이 전혀 달라요. 하지만 말씀은 감사합니다."

고마웠다. 내 결심을 진심으로 존중해주는 것 같아서. 게다가 선배의 진지한 의견을 들으면 들을수록 내가 조직에 중요한 사람인 것 같아서 뿌듯했다. 그러나 나는 고집을 꺾지 않았다.

"그래. 그럼 앞으로 내가 도와줄 일이 뭐가 있을까?"

선배는 설득을 포기하고 대신 내 편이 되어주었다. 머물러주었으면 좋겠지만, 생각을 바꾸지 않겠다면 도와주고 싶다고 말했다.

며칠 후에는 실제로 이직할 만한 회사 두 곳을 소개해주기도 했다. 결국 나는 선배가 추천해준, 작은 코칭 회사에서 다시 일을 시작했고 지금까지 그 일을 업으로 삼고 있다. 두 번째 면담을 하던 날 마지막으로 선배는 물었다.

"앞으로는 너 같은 인재들을 놓치고 싶지 않은데… 회사가 어떤 부분을 바로잡아야 할까?"

선배는 후배의 입장을 배려해주었고, 남아 있는 사람들과 조직의 미래를 염려했다. 그 질문에 나는 솔직하게 답했고 그는 열심히 적었다. 선배의 노트에는 나와 같은 후배들의 말이 깨알같이 적혀 있었다. 그러고 보니 그 노트는 늘 그의 상의 안쪽 주머니에 있었다.

반면 직속선배는 회사를 그만둔 후로도 두고두고 나를 원망했다. "내가 그렇게까지 너를 챙겼는데 어떻게 그럴 수가 있느냐"고 화를 냈다. 만나는 사람들마다 내 원망을 전하는 통에 이미 회사를 옮긴 내 귀에도 그 말들이 심심찮게 들렸다. 나도 안다. 선배는 믿는 도끼에 찍힌 발등이 아파서 화가 난 것이다. 그러나 꽤 세월이 흐른 지금도 나는 그 선배가 나를 필요로 했던 것이지 진짜 아꼈던 것은 아닐지도 모른다는 염치 불구한 생각을 하곤 한다.

'내가 회사를 그만둔 진짜 이유를 알기나 할까…'

그때 내가 직속선배가 아닌 몇 직급 위의 선배에게 더 깊이 있는 얘기를 털어놓게 된 것은, 바로 그가 내게 질문을 해주었기 때문이다.

중요한 선택의 순간, 우리에게는 질문이 필요하다. 그것은 두루뭉술한 내 마음속에서 뚜렷한 해답을 찾게 만든다. 질문은 화살표가 있기 때문에 조준점이 명확하다. 질문을 받으면 일단 그 질문에 걸리고 만다. 얼렁뚱땅 넘어갈 수는 없다. 좋은 질문일수록 머릿속에서 맴돈다. 두고두고 곱씹게 되는 것이다. 그리고 답을 찾기 위해 생각을 하다 보면 어느새 어수선하게 널려 있던 고민들이 정리되고 생각이 말끔해진다. 질문을 제대로 사용하는 사람을 만나면 저절로 생각이 뚜렷해지고 마음이 시원해진다.

누군가가 내 의지나 의견을 꺾으려고 하면 할수록 마음은 청개구리가 된다. 그 고집에 사로잡혀서 미처 생각하지 못했던 혹은 아직 남아 있던 다른 쪽의 가능성을 보지 못하게 된다. 그러나 진심 어린 질문에는 심술을 거두고 되묻게 된다.

'내가 정말 원하는 것은 무엇일까?'

'이런 좋은 사람들을 두고 떠나야 하는 이유는 무엇인가?'

'혹시 내가 보지 못하고 있는 게 있을까?'

이렇게 처음부터 다시 생각하게 만든다.

그런데 사람들은 왜 질문하는 것을 어렵게 생각할까? 이렇게 경제적이고 합리적인 기술을 왜 제대로 사용하고 있지 못할까? 무엇이 질문하기를 어렵게 만드는 것일까?

질문이
불편한이유

　사람들에게 "당신은 충분히 질문하고 있습니까?"라고 질문하면 모두들 주춤한다. 말하기라면 자신 있던 사람도 '질문'이라고 하면 한 발 뒤로 물러선다. 특히 회사나 직장처럼 업무집단일수록 알레르기 반응을 일으킨다.

　"질문하는 것 자체가 부담스럽지요. 질문을 한다고 해도 대개 내 생각과는 다른 대답들이 나와요. 피곤한 일이죠. 그 뒷감당은 질문한 사람이 해야 하잖아요. 특히 질문하고 난 후 문제를 공유하게 되면 그것에 책임을 져야 한다는 말과 같죠. 모르면 모를까, 알고 책임을 피하기는 어렵거든요. 솔직히 말해서 그냥 지시하고 싶은 마음이 들 때가 많아요."

질문은 '관여'를 의미한다. 질문하게 되면 이야기를 들어야 하고, 어떤 말이 튀어나올지도 알 수 없다. 불만과 불평의 물꼬가 트일 수도 있고, 다른 질문이 꼬리를 물고 나올 수도 있으며, 감당하기 어려운 요청이 되돌아올 수도 있다. 그래서 윗사람들은 질문하기보다는 지시하고 싶은 유혹에 빠진다.

그런가 하면 질문 자체를 반기지 않는 문화가 걸림돌이 되기도 한다.

"제가 지난번에 워크숍에 다녀왔거든요. 질문이 아주 중요하더라고요. 그래서 회의 시간에 질문을 좀 해보려고 했죠. 그런데 영 반응이 별로예요. '다들 뭔 소리야?' 하는 것 같고, '갑자기 왜 그러세요?' 하는 눈으로 쳐다보니 더 이상은 못하겠더라고요. 대답이 시원치 않으니 은근히 성질도 나고요. 저 혼자 배워서 써먹을 수 있는 게 아닌 것 같아요. 조직 분위기 자체가 질문을 받아들일 준비가 되지 않았어요."

아직까지 우리 문화에서 질문은 여전히 하나의 '테스트'로 받아들여진다. 상사가 질문하면 직원은 당혹스럽다. 질문이 실력을 검증하는 관문으로 느껴진다. 그것으로 역량이 평가되고 고과에 영향을 줄 것이라는 생각에서 벗어나기 어렵다. 그래서 질문하는 사람은 까다로운 사람이라고 여기며 최대한 눈을 마주치지 않으려고 노력한다. 회의 시간에도 최대한 멀리, 눈에 띄지 않는 명당자리를 서로 차지하려 든다. 학생들이 수업시간에 선생님의 질문을 피하기 위해 책 속에 얼굴을 파묻는 것처럼.

사람들은 말한다.

"질문하지 말고 그냥 말해주면 좋겠어요. 어차피 알면서 물어보는 거잖아요. 답을 하면 뭐해요. 결국엔 혼나는 걸요, 뭐."

이런 마음이니 질문이 영 편하지 않다.

학교에서도 질문하는 학생을 좋아하지 않는다. 수업이 끝날 때마다 "질문 있는 사람?" 하며 되묻곤 하지만, 선생님도 누군가가 진짜 질문하리라고 기대하는 것은 아니다. 그때 손을 들어 질문하려면 큰 용기가 필요하다. 그래서 궁금한 것이 있어도 튈까 봐 눈치가 보여서 못하고, '나만 모르면 어떡하지?', '이런 질문을 하면 수준이 낮다고 생각할 거야.' 하고 걱정하면서 망설인다.

질문하는 스타일 또한 방해물이 될 수 있다. 일반적으로 우리가 사용하는 질문들을 살펴보면, 물음 자체가 강압적인 것들이 많다. 녹슨 칼은 사람의 마음에 상처를 낸다. 질문은 생각을 자극시켜야 하는데, 그런 질문들은 마음속의 불안과 위협을 자극한다.

"너 잘했어, 잘못했어?"

"왜 이런 식으로 했지?"

"도대체 뭐가 문제야! 파악은 된 거야?"

"정확한 데이터가 뭐야? 확실해?"

"그래서?"

이러한 부정적인 경험이 쌓여 질문이라면 질색하게 만드는 것이다.

"질문하려고만 하면 기존에 말하던 스타일이 나와요. 지난번 회의에서 질문을 좀 제대로 사용해봐야겠다고 마음먹고 '이거 누가 이렇게 했어?' 하고 질문했거든요. 칭찬해주고 싶어서요. 그런데 그 질문 한마디에 분위기가 얼어붙는 것을 느꼈어요. 순식간에 서로 눈치를 살피는 거예요. 제 표정이 잘못된 걸까요? 말투가 경직되어 있었던 것도 같고. 질문을 잘못 쓰면 더 안 좋겠더라고요."

질문은 배달되는 과정도 중요하다.

말하는 사람의 표정, 목소리 톤, 전체적인 뉘앙스, 무엇보다 이전에 보여주었던 말하기의 패턴 등이 그 질문을 받는 사람에게 총체적으로 영향을 미친다. 그리고 그것을 통해서 사람들은 직감적으로 저것이 나를 지키는 질문인지, 해치기 위한 질문인지를 가늠해낸다. 그러니 제대로 된 질문을 한다는 것은 그것을 제대로 된 방식으로 표현해야 한다는 것도 포함된다.

질문하지 않는 삶은 없다

우리의 일상은 질문으로 시작해서 질문으로 끝난다. 오늘 아침 자명종이 울릴 때 분명 당신은 스스로에게 질문했다.

'몇 시지? 더 자도 될까?'

그리고 답을 선택했다.

출근할 때도 당신은 질문을 던졌다.

'어디로 가야 덜 막힐까?'

'도착하면 어떤 일부터 시작해야 하지?'

이런 식으로 일을 하면서, 퇴근하면서, 가족들과 시간을 보내면서 그리고 잠드는 직전까지 자신과 계속 질문을 주고받는다.

단지 질문이라고 의식하지 않을 뿐, 매순간 질문을 하고 생각을 하고 답을 한다. 질문은 답을 만들고, 답은 선택을 만든다. 선택은 행동을 만들고, 행동은 결과를 가져온다. 즉 매일의 질문이 우리의 인생을 만들어가는 셈이다.

질문하지 않는 삶은 없다. 다만 질문들이 내 안에서 시들어 가는가, 다른 사람들과 공유되는가, 또 쌓아온 질문들이 한 방향으로 정리되어 가고 있는가, 아니면 산산이 흩어져 버렸는가만 다를 뿐이다. 질문이 부담스러울 수도 있지만, 그럼에도 불구하고 우리에게는 질문을 멈추지 말아야 할 충분한 이유가 있다. 지금부터 우리는 그 이유에 대해 더 자세히 알아볼 것이다.

　당신의 말 그릇에 품고 싶은 사람을 머릿속에 떠올리면서, 그 사람에게 필요한 질문들을 찾아간다는 마음으로 다음의 내용들을 읽어나가면 좋겠다.

왜 우리는 질문해야 하는가

질문은
마음의 열쇠

질문의 유형은 생각보다 다양하다. 궁금해서 물어보는 것도 있지만, 성장을 돕기 위한 질문들도 있다. 의심을 풀어내기 위한 질문들도 있지만, 가능성을 발전시키기 위한 질문들도 있다. 또 과거를 추궁하는 질문도 있지만 미래를 탐색하는 질문도 있다. 어떤 질문이 더 좋고 나쁜가는 요리사와 조리법에 따라 다르겠지만, 중요한 것은 정리된 질문을 제대로 사용하면 훌륭한 낚시꾼이 될 수 있다는 것이다. 좋은 질문들은 월척을 낚을 확률이 높다.

한창 일하고 살림하고 애 낳고 공부하던 시절에는 도통 친구들을 만날 시간이 없었다. 서로 '밥 한번 먹어야지' 말만 하면서 바쁘게 지내던 어느 날, 5년 만에 고등학교 동창을 만나기로 했다. 그 친구도 워킹맘이라 서로 이동 경로를 맞추어 지하철 역 주변에서 2시간 정도 폭풍 수다를 떨기로 했다. 눈물겨운 만남이었다.

간단한 안부 인사를 나누고 카페를 향해 걸어가는 길, 빠듯한 시간을 고려해 친구가 먼저 이야기를 시작했다. 일단 남편의 에피소드로 시동을 건다. 결혼 7년차인 친구는 남편이 말만 번지르르하고 정작 해주는 것은 없다며 넋두리를 늘어놓았다.

적당한 곳에 자리를 잡고 주문을 하는 사이에도 친구의 이야기는 계속되었다. 문득 시간을 보니 벌써 30분이 흘렀다. 비슷한 주제가 반복되는 느낌이 들었지만, 친구의 표정은 꽤나 심각했다. 그렇게 남편의 이야기가 마무리되나 싶었는데 이번에는 시어머니 이야기로 넘어간다. 아까보다 조금 더 격앙되어 보였다.

벌써 한 시간째 이어지는 친구의 이야기를 들으면서 그동안 얼마나 하고 싶은 말이 쌓였으면 이렇게 숨까지 아끼며 말할까 싶었다.

물론 알고 있었다. 친구가 이런저런 고민을 늘어놓는다고 해서 그것만으로 그녀의 삶에 대해 성급히 판단해서는 안 된다는 것을. 그녀가 지금 불행한 삶을 살고 있구나 하고 착각하고 연민하면 안 된다는 것을.

친구는 그저 안전한 내게 마음껏 창고를 개방하고 싶었던 것이다. 이야기를 털어내면서 마음의 먼지도 툴툴 털어내고 싶었던 거다. 섣불리 충고하려고 하거나 그녀의 남편이나 시어머니 이야기에 신나서 혼자 흥분할 필요도 없다.

이럴 때야 말로 질문이 필요하다. 가만히 듣던 나는 친구에게 물었다.

"너 오빠랑 연애할 때 엄청 붙어 다녔잖아. 그땐 오빠의 어떤 점이 좋았어?"

그러자 친구는 곰곰이 생각에 잠기는가 싶더니, 남편이 예전부터 다정하고 가정적인 사람이었다고 대답했다. 그리고 그것은 지금도 여전하다고. 퇴근하면 설거지나 빨래를 나눠 하고, 자기는 별로 달갑지 않지만 애정표현도 곧잘 한다며 조금 시큰둥하게 말했지만 친구의 몸짓에서 남편을 향한 굳은 믿음과 애정이 담뿍 묻어나왔다.

"7년차인데도 변함이 없네! 그럼 시어머니는? 간섭이 심하시다니 아마 너희 부부한테 어떤 기대 같은 게 있으신 모양이야, 어때?"

친구는 한숨을 내쉬더니 시어머니가 결혼할 때 집을 마련해주셨는데 그것 때문에 더 간섭하시는 것 같다고 대답했다. 그래도 집을 가지고 시작해서 덜 고생스러웠다며, 말하는 중간중간 시어머니에 대한 마음이 오락가락하는 듯 보였다. 그렇게 내가 몇 가지 질문들을 던질 때마다 친구는 웃다 정색하다가를 반복하며 이야기를 이어나갔다.

어느새 두 시간이 지나고, 일어설 때가 되자 친구는 아쉽다며 손을 꼭 부여잡고 지하철 개찰구까지 나를 배웅해주었다. 지하철을 타고 가는 중에 핸드폰에서 알람이 울렸다. 돌아가는 길에 친구가 SNS에 짧은 글을 올리면서 '친구와 함께 보기'를 설정해놓았는지 내게 쪽지가 날아온 것이다.

> 내게는 만나면 힐링이 되는 사람이 있다.
> 상대를 보며 내 처지를 비관하지도 않고
> 위안 삼지도 않게 되는
> 온전히 마음으로 만나게 되는 사람
> 그래서 빡빡한 내 삶에 용기를 주고
> 다시 열심히 살아보자고 다잡게 해주는 사람
> 특별히 내게 충고나 조언을 하지 않는데도
> 그냥 수다만으로도 마음이 편해지는 사람

친구의 마음이 담긴 글을 몇 번이나 읽으면서 생각했다. 주의 깊게 듣고 관심을 가지고 질문하는 것만으로도 사람들은 마음을 열고 스스로를 돌아본다. 굳이 힘내라고, 근사한 말을 보태지 않아도 된다. 누구에게나 첫 마음이 있다. 잘해보고 싶은 기대가 있고, 다시 일어서고 싶은 열망이 있다.

사람들은 그것을 확인하고 싶어 한다. 자신이 해낼 수 있다는 것을, 지금 이대로도 괜찮다는 것을, 나도 꽤 멋진 사람이라는 것을 확인받고 싶어 한다. 상대방과 대화하는 중에 이런 마음들을 스스로 발견하게 된다면 그보다 더 기쁜 선물은 없을 것이다. 질문은 바로 그런 역할을 자연스럽게 해낸다.

친구에게 관심 어린 질문을 던져보자.
"지난번에 준비하고 있다는 일은 잘되고 있어?"
"요즘 제일 살맛 나는 일은 뭐야?"

배우자에게도 질문을 던져보자.
"당신은 언제 자신이 근사해 보여?"
"당신, 아이들 키우면서 가장 행복했던 순간이 언제야?"

사랑스러운 아이들에게도 얼마든지 질문할 수 있다.
"너, 이번에 시험목표 달성하면 기분이 어떨 것 같아?"
"혼자 힘으로 해내면 주변에서 무슨 말을 해줄까?"

질문을 너무 어렵게 생각할 필요는 없다. 사람들은 가까운 이들에게 필요한 질문을 받는 것만으로도 기분이 좋아지고 자신감을 갖는다. 작은 설렘이나 희망을 심어주는 그런 질문이면 어떤 것이든 괜찮다. 이미 잘하고 있는 것, 과거에 잘했던 것, 앞으로 바라는 것에 대하여 말할 수 있게 질문을 던져보자.

'상대의 흥을 돋우는 질문들은 뭐가 있을까?'를 찾아서 실행한다면, 아주 작은 질문만으로도 사람들의 마음을 행복하게 만들 수 있다. 질문할 때 필요한 것은, 높은 수준의 화술이 아니라 사람에 대한 관심이다.

참여와 책임
높이기

EBS '놀이의 반란'이라는 프로그램에서 자율성에 관한 실험을 소개한 적이 있다. 상황은 이렇다. 만 5세 아이들을 세 그룹으로 나누고, 첫 번째 그룹에게는 선생님이 하나의 놀이를 지정해준다.

"지금부터 쌓기 놀이만 하는 거예요, 알았죠?"

두 번째 그룹에게는 권유를 한다.

"지금부터 쌓기 놀이를 하면 좋겠어요, 어때요?"

마지막 그룹에게는 선택권을 준다.

"어떤 놀이를 하고 싶어요? (대답을 듣고) 그럼 지금부터 그 놀이를 하면 돼요."

선생님의 요구에 따라 아이들은 놀이를 시작한다. 그리고 15분 후에 선생님이 다시 들어가 이렇게 말한다.

"지금 놀이를 계속하고 싶은 친구들은 계속하고요, 바꾸고 싶은 친구들은 새로운 놀이를 해도 좋아요."

이 말에 각각의 그룹은 어떤 반응을 보였을까?

첫 번째 그룹은 선생님 말이 끝나기가 무섭게 장난감을 정리한다. 재미있게 놀긴 했지만 애당초 선생님이 시킨 것이지 스스로 원한 것이 아니었다는 뜻이다. 두 번째 그룹도 마찬가지였다. 친절하게 권유했지만 선택의 주도권이 선생님에게 있다고 느낀 것이다. 마지막 그룹만 다른 모습을 보였는데, 바꿀 수 있는 기회가 있음에도 아이들은 처음 선택한 놀이를 계속했다. 진짜 놀이를 하고 있던 것은 세 번째 그룹뿐이었다.

어린아이들은 놀 때 주도권과 자율성을 가지고 싶어 한다. 그래서 아이와 제대로 놀아준다는 것은 아이가 스스로 놀이를 개척하도록 따라가는 것을 의미한다. '이렇게 하는 거야.', '그렇게 하면 안 되지.' 하고 잔소리를 늘어놓으면 결국 아이는 놀이에 흥미를 잃어버린다.

이것이 바로 자율성이다. 내가 선택한 것을 최대한 누리고자 하는 성향. 사람들은 자율적인 동기에는 반응하지만, 동기를 통제하면 딴 생각을 하게 마련이다.

질문은 바로 자율성의 대화법이다. 끌고 오는 게 아니라 대화를 통해 스스로 걸어오게 하는 방식이다. 질문을 통해 과정과 방법을 찾아가는 과정에 상대방을 참여시킬 수 있고, 방법과 프로세스에 관해 질문함으로써 선택권을 부여할 수 있다.

"이 일을 통해서 얻고 싶은 것은 무엇인가요?"

"어떤 순서대로 일하면 좋을까요?"

"당신이 가장 자신 있게 사용할 수 있는 방법은 무엇입니까?"

"무엇을 다르게 해보고 싶죠?"

말은 출처가 중요하다. 누가 말을 했는가에 따라 주인공과 엑스트라가 결정된다. 질문 앞에서는 누구나 대답하기 위해 집중하게 되고, 자연스럽게 참여가 이루어진다. 그리고 참여하면 책임감이 생기고, 책임감이 높아지면 이전보다 더 많은 노력을 기울이게 된다. 그것은 결국 더 좋은 결과를 낳는다. 이 선순환이 계속되면 사람들은 성장한다.

질문 프로젝트

질문이 없는 대화나 회의, 보고는 불통(不通)을 드러내는 가장 직접적인 신호다.

'질문하는 조직'을 만들고 싶다며 미팅을 의뢰한 기업인이 있었다. 그는 조직 내 비즈니스 대화에 질문기술을 적용하고 싶어 했다. 상하관계에 상관없이 직원 모두가 커뮤니케이션을 할 때 질문을 사용해서 손실을 줄이고, 업무 효율성을 높이길 바라고 있었다.

프로젝트는 3개월 동안 진행되었다. 일단 직원들을 대상으로 '질문 워크숍'을 진행했다. 선배와 후배, 동료가 모두 참여해서 질문의 필요성과 기술을 학습하는 시간을 가졌다. 그런 다음 직원들이 직접 '우리 조직에 필요한 질문들'이라는 제목으로 브레인스토밍을 했고, 게시판 투표를 통해 희망하는 질문들을 선택했다. 나는 코치로서 그 과정을 이끌었고, 최종적으로 다듬는 일을 맡았다.

직원들의 적극적인 참여로 우리는 아래와 같은 결과를 얻었다.

보고할 때 : 선배가 후배에게 질문해주세요.

Q. 보고서를 통해 말하고자 하는 것은 무엇인가요? (목적)

Q. 보고서를 작성하면서 가장 고민스러웠던 부분은 무엇인가요? (현황분석)

Q. 보고서의 결과물을 스스로 만족스럽기 여기기 위해서는 무엇이 더 필요할까요? (가능성발견)

Q. 보고 이후 서로(선배와 후배)가 무엇을 확인하면 될까요? (사후진행)

회의할 때 : 서로가 서로에게 질문해주세요.

Q. 회의를 통해 우리가 얻어야 하는 결과물은 무엇인가요? (목적)

Q. 좀 더 효과적으로 회의를 진행하려면 무엇이 필요할까요? (방법)

Q. (회의를 마무리하기 전에) 우리가 서로 놓치지 말아야 할 것은 무엇인가요? (확인)

Q. 우리가 오늘 회의에서 논의한 내용을 어떻게 결과로 만들어낼 수 있을까요?
   (사후진행)

업무할 때 : 업무 중에 스스로에게 질문해주세요.

Q. 오늘 하루, 나는 어떤 기준으로 일의 우선순위를 배분했나요? (우선순위)

Q. 지금 내가 하고 있는 일은 나와 회사에 어떤 기여를 하고 있나요? (가치)

Q. 지금 하는 업무를 최상의 결과로 만들기 위해 더 필요한 것은 무엇인가요? (탁월)

Q. 지금 하고 있는 일을 통해 배울 수 있는 것은 무엇인가요? (성장)

보고할 때, 회의할 때, 혼자 일을 할 때로 질문 상황을 나누고 선배가 후배에게, 서로가 서로에게, 자기 자신에게 해야 할 질문 리스트를 위와 같이 만들었다. 그리고 그것을 프린트해서 자리 곳곳에 붙여두었다. 직원들이 모이는 자리나 회의실에는 질문 카드로 만들어 전시했다. 자율성을 발휘한 프로젝트여서 그런지 반응이 꽤 뜨거웠다.

3개월 후, 다시 회사를 방문해서 직원들과 인터뷰를 진행했다. '질문문화 만들기 프로젝트'를 진행하면서 가장 도움이 되었던 것에 대해서 묻자, 사람들은 질문을 통해서 예전보다 더 활발하게 대화에 참여하게 되었다고 답했다. 몇몇 사람이 회의를 주도하던 예전과 달리, 질문을 함으로써 대화의 비중이 모든 사람들에게 골고루 돌아가게 되었다고.

또 각자의 일하는 방식과 일을 바라보는 관점의 차이를 확인하게 되었다고 대답했다. 그것을 통해 서로 학습하는 분위기가 만들어졌으며 동시에 '당연히 알겠지, 별것 아니겠지' 하면서 넘어가던 일들도 질문을 통해 확인하는 문화가 생겼다고 했다. 그동안 질문하지 않아서 얼마나 많은 것들이 어물쩍 넘어갔을지 겁이 날 지경이라고 덧붙였다.

대표가 인터뷰를 이어받았다.

"가장 기쁘게 생각하는 것은 모두 질문에 대비하기 시작했다는 거예요. 초기라 여전히 어색한 면도 있고, 아직은 정해놓은 질문들을 사용하기에 급급하지만 오히려 어떤 질문을 할지 아니까 미리 생각해보는 연습도 됩니다. 중요한 것을 더 고민할 수 있게 되었어요. 게다가 질문과 답이 오가면서 잘못된 것을 수정할 수 있는 기회가 생겼어요. 질문 덕분에 더 좋은 결론을 얻는 경험이 늘고 있어요."

질문은 정해진 방향이 있는 게 아니다. 위에서 아래로만 흘러가는 게 아니다. 동료끼리 혹은 선배에게도 질문은 분명 학습의 기회가 된다. 그것은 좋은 자극이다. 물론 그것을 위해서는 자기 방어나 권위의식 등을 내려놓아야 하지만 말이다. '선배니까 모든 것을 알아야 한다'는 강박을 버릴 수 있어야 하고 '상사에게 먼저 질문하는 것'을 두려워하지 않아야 한다.

조금 다른 이야기지만 우리 부부는 매년 둘이서 '부부 워크숍'을 한다. 작은 펜션을 빌리거나 그것도 여력이 안 될 때는 가까운 공간에 앉아 대화를 시작한다. 한 해를 마무리하는 시간을 가지고, 동시에 새로운 해의 목표를 세우는 가족의 정례 행사인 셈이다. 워크숍의 진행은 주로 내가 맡는데 방식은 단순하다. 일단 몇 개의 질문을 준비하고 답을 포스트잇에 작성한다. 그러고 나서 서로에게 묻고 답하며 질문을 이어간다.

질문이라 하면, 예를 들면 아래와 같은 것들이다.

한 해 동안 우리 가족에게 의미 있었던 일은 무엇인가?
목표별로 점수를 준다면 몇 점인가, 그 이유는?
서로에게 고마웠던 일은? 미안했던 일은?
내년에 염두에 두어야 할 가족의 가치는 무엇인가?
당신의 내년 목표와 계획은 무엇인가?
어떻게 서로 도와줄 것인가?
성공하면 어떻게 축하할 것인가?

이 시간을 고집하는 이유는 참여와 책임을 높이기 위해서다. 부부는 하나라고 하지만 일상을 살다 보면 얼굴 마주칠 시간도 빠듯하다. 그 시간을 꼭 해야 할 말들로 우선 채우다 보면 매일 어디를 향해 가고 있는지 헷갈리게 되고 무엇을 서로 어떻게 도와줘야 하는지 망설이다 오해를 만들기도 한다.

이런 시간을 통해 서로의 생각을 꺼내어 정리하고 기록해두면 이전과는 다른 연대의식이 생긴다. 누구 한 사람이 악역을 도맡지 않아도, '왜 노력하지 않느냐'며 원망하지 않아도 스스로 의욕을 채울 수 있다. 우리가 얼마만큼 왔는지 돌아보고, 또 얼마나 갈 수 있는지 묻고 말하는 사이 부부의 협력체계가 풀가동된다. 그 힘으로 가족은 또 한 해를 달린다.

함께 멀리가고 싶은 사람이 있다면 깊게 참여시키고, 공을 들여 키워내고 싶은 사람이 있다면 질문만큼 귀한 기술도 없다. 성급하게 길을 알려주지 말고 자신의 두 다리로 걷고 뛸 수 있도록 질문해주자. 그래야 달콤한 결과를 스스로의 성취라고 느낄 수 있다.

주의하기

질문은 평생 유용하게 사용할 수 있는 말하기 기술이다. 하지만 한 가지 주의사항이 있다. 바로 '당장 써먹지 말 것, 결과를 바로 기대하지 말 것'이다.

"오늘 배운 것 바로 써먹지 마세요."

'질문하는 법'을 연습하고 나면 꼭 이렇게 부탁한다. 그럼 다들 어리둥절해 한다.

"써먹지 말라고요?"

"사실 이렇게 교육을 끝내고 나면 참여자들 주변 분들이 제게 하는 이야기가 있어요. 질문 교육은 하지 않았으면 좋겠다고요. 왜 그럴까요?"

그러면 사람들은 감을 잡고 웃기 시작한다. 워크숍에만 다녀오면 배운 것을 자꾸 써먹으려고 하기 때문이다. 문제는 시도하는 것 자체가 아니라, 얼마 가지 못한다는 데 있다. 평소 회의 할 때 "너는 이렇게 하고, 저렇게 하면 돼!", "일단 내 말을 들어!" 하면서 대화하던 상사가 갑자기 "너는 어떻게 생각해?", "네 의견을 말해주겠니?"라고 묻는다. 팀원들은 어리둥절하다. '지난주에 어디 다녀오더니 또 저러는구먼' 하고 생각한다.

"그냥 하라는 대로 해!" 또는 "아직 어린 네가 뭘 안다고 그래!" 식으로 대화하던 부모가 어느 날 갑자기 "너는 어떻게 하고 싶어?", "내가 뭘 도와줄까?" 하고 말한다면 어떨까. 아이들은 아마 무서워서 덜덜 떨지도 모른다.

갑작스럽게 의욕을 보인다고 해서 모든 사람들이 바로 그 속도에 맞출 수 있는 것은 아니다. 아직 준비되지 않은 사람들은 "네?", "글쎄요.", "그게…" 하면서 꾸물거린다. 그럼 질문한 사람은 속이 터진다. '이것도 손발이 맞아야 하지!' 하면서 얼마가지 못하고, "이번에는 참으려고 했는데!" 하면서 원래대로 돌아온다. 그러면 사람들도 '그럼 그렇지' 하고 실망하고 만다.

잠시 내 이야기를 해보자. 어느덧 강의를 시작한 지 13년이 되어간다. 하지만 내게도 햇병아리 시절이 있었다. 청중과 친밀감을 쌓기 위해서 질문으로 강의를 시작하곤 했다. 하지만 대부분의 사람들은 질문을 꺼려했다.

처음에는 그런 반응을 견디기가 힘들었다. 아무도 선뜻 답하지 않는 것이 당황스러웠고, 때론 서운했고, 이대로 분위기가 늘어질까 초조했다. 그래서 사람들을 믿지 못하고 "네, 이건 말이죠!", "다들 아시겠지만…." 하면서 은근슬쩍 내가 답을 하곤 했다.

그러면 청중은 금방 눈치 챈다. 저 강사는 질문해놓고 자신이 답해버린다는 것을. 그리고 자신들은 방관자의 자리를 지킨다. 시간이 지나도 적극적으로 참여하지 않는다. 처음부터 끝까지 모든 것이 고스란히 강사의 몫으로 남겨진다. 곧이어 청중은 팔짱을 끼고 강사가 잘하는지 못하는지를 관찰하는 모양새가 되어버린다. 청중을 위한 강의였는데, 공부는 강사만 하고 있다.

그래서 한 날은 단단히 결심했다.

"그래! 절대로 먼저 답을 하지 말아야지. 버텨야겠어!"

그날도 비슷한 분위기 속에서 강의가 시작되었고 역시 나는 또 질문을 던졌다.

"어떻게 생각하세요?"

역시 아무도 반응이 없었다. 멀뚱멀뚱 강사를 바라보거나 시선을 피했다. 하지만 나는 유난히 느리게 눈을 깜빡이면서 사람들을 둘러보았다. 편안해 보이는 미소도 잃지 않았다.

"답해주실 때까지 믿고 기다릴게요."

그렇게 5초. 곧이어 여기저기서 웅성거리기 시작했다. 사실 이런 배짱을 부리려면 '괜찮아. 반드시 누군가는 답해줄 거야.' 하는 믿음이 필요하다. 물론 이 믿음은 항상 현실이 되었다. 지금까지 단 한 번도 실패한 적이 없다. 꼭 누군가는 10초 안에 참지 못하고 입을 연다. "아, 제가 답할게요. 그건 말이죠!" 하면서 첫 답변자가 등장한다. 대개는 성격이 급하거나 강연자가 안쓰러워 보여서 먼저 입을 연 사람이다. 그렇게 누군가가 용기를 보여주면, 이제 나는 침묵을 뚫고 답을 꺼낸 분에게 무한한 감사와 격려를 보낸다.

"아! 역시!! 중요한 포인트에 말씀해주셨어요. 정말 감사해요!"

이 순간이 가장 중요하다. 그 답이 기대한 것이 아니거나 흐름을 깨는 답이라고 해도 '입을 열어 대답해준 것'만으로 충분하다. 그것을 아낌없이 인정해주면 다른 사람들은 비로소 깨닫게 된다.

'어떤 답을 해도 안전한 거구나.'

정답이 아니어도 좋다는 것, 그 어떤 답도 비난하지 않고 수용한다는 모습을 보여주어야 다음 사람도 용기를 낸다. 더불어 자신의 답이 강사에게 또는 다른 사람들에게 어떤 기여를 했다고 느끼면 개인의 참여도는 더 높아진다.

이제 강사는 청중이 던져준 답에 핵심 내용을 조금 보태어 강의를 이어나가기만 하면 된다.

"주신 의견에 한 가지만 더해볼게요."

"말씀해주신 것과 관련한 다른 예를 한 번 더 들어볼게요."

그렇게 몇 번의 공을 들이면 다음 질문부터는 일사천리다. 조금씩 입을 열기 시작한다. 강의 중반에 들어서면 질문을 던지기만 해도 여기저기서 큰 소리로 외치기 시작한다. 더 이상 질문을 시험으로 느끼지 않고, 당연한 절차로 받아들인 것이다.

그러고 나면 모두의 강의가 된다. 배워가는 것도 훨씬 많아지고 집중도도 높아진다. 그러니 질문할 때는 아래의 3가지 사항을 꼭 염두에 두자.

첫째, 질문하고 나면 반드시 기다릴 것.
        절대로 먼저 답하지 말 것.
둘째, 답의 수준을 따지지 말고 무조건 인정할 것
셋째, 답변을 살리는 피드백을 추가할 것(아주 간단히)

질문한다고 상대방이 기다렸다는 듯 답을 내놓지는 않는다. 기다림이 필요하다. 각자의 방식으로 부담스러운 침묵을 견뎌내야 한다. 일단 상대방을 믿어보자. 재촉하지 말고, '충분히 기다려주겠다'는 눈빛과 표정, 여유 있는 미소를 함께 전달하자. 다행스럽게도 질문에 자주 노출될수록 답을 기다리는 시간은 점점 더 짧아진다.

그리고 상대방의 답을 절대 평가절하하지 말아야 한다. "그깟 것도 생각이라고 하냐.", "네가 그러면 그렇지."라는 메시지를 은연중에라도 흘려서는 안 된다. 만약 그렇게 되면 상대방은 다시는 입을 열지 않을 것이다. '좋아!', '대단해!', '훌륭해!' 같은 감탄이 아니어도 좋다. 생각에 동의할 수 없더라도 다음과 같은 피드백으로 상대방을 존중해줄 수 있어야 한다.

"쉬운 질문이 아닌데 말해줘서 고마워."

"무엇을 더 고민해야 할지 알 수 있게 되었어."

"내가 생각해보지 못한 관점이네."

"아, 그렇게도 볼 수 있겠네."

"그런 해석도 가능하겠어."

그리고 필요하다면 추가적으로 피드백을 할 수 있다. 물론 상대방의 의견을 좋은 쪽으로 살리는 방향으로, 짧고 간단하게. 처음부터 너무 많은 피드백을 전하면 질문이 묻히고 만다. 따라서 상대방의 말을 디딤돌 삼아 강조하고 싶은 말이나 추가적인 의견만 살짝 가미하자.

"당신의 생각을 이렇게 표현할 수도 있을 것 같아."

"한 가지만 더 고려하면 좋을 것 같아."

"그 생각을 발전시키면 ＿＿＿＿ 할 수 있겠어."

"그것을 ＿＿＿＿ 관점에서 보면 또 어떻게 달라질까?"

1박 2일 동안 진행되는 워크숍이라면 1일차가 끝나는 시점에 주어지는 실습 과제가 있다. 아내에게, 자녀에게, 혹은 친구에게 전화를 걸어 대화 중에 질문을 시도해보고 상대방의 반응을 기록해오는 일이다.

다음날 아침, 참가자들과 과제 후기를 나누다 보면 질문자가 평소에 상대방과 어떤 관계를 맺고 있었는가에 따라 반응이 다르다는 것을 알게 된다.

"갑자기 왜 이래, 어색하게?"

"안 어울려요, 언제부터 그랬다고?"

"오늘 새로운 거 배운 거야? 신선하다."

"그래, 있지… 내 얘기 좀 들어봐."

이렇게 갑작스럽게 질문을 던지면 '평소 신뢰를 쌓아온 관계인가 아닌가'가 중요한 변수로 작용한다. 질문을 받아들이느냐 튕겨져 나오느냐에 따라 나의 평소 모습이 어떤가를 돌아볼 수 있게 된다. 만약 당신이 질문을 제대로 사용하고 싶거든 지금까지 상대방과 맺어온 관계를 돌아보아야 한다. 어쩌면 질문하기에 앞서 준비과정이 더 필요하게 될지도 모른다.

어떻게 질문해야 하는가

질문의 기술

　지금까지 질문을 위한 환경을 알아봤다면, 이제는 질문의 기술을 점검해볼 차례다. 잠시 당신의 질문 실력이 얼마나 높은지 생각해보자. 일할 때, 가정에서, 개인적인 모임에서 주로 어떤 질문을 많이 사용하는가? 당신이 하는 질문들은 상대에게 어떤 영향력을 발휘한다고 생각하는가?

　강연장에서 만난 사람들은 보통 다음과 같은 질문을 한다고 대답한다.

　"다 했어?"

　"언제까지 되는 거지?"

　"결론이 뭐야?"

"누가 그랬어?"

"왜 그랬어?"

이렇게 대답하고 나지막이 웃는 것을 보니 어딘가 부족하다는 것을 모두 아는 듯하다. 좋은 질문이 따로 정해져 있는 것은 아니지만 분명한 것은 위와 같은 질문으로는 사람을 성장시킬 수 없다는 것이다.

책 『삶을 변화시키는 질문의 기술』을 보면 살아가는 동안 어떤 질문을 자주 하는가에 따라 다른 인생을 살게 된다고 말한다. 어떤 질문을 하는가에 따라서 '학습자의 길'로 들어서기도 하고, '심판자의 길'을 걷게 되기도 한다고.

심판자의 길로 이끄는 질문

뭐가 잘못됐지?

누구 탓이지?

내가 상처받겠지?

내가 옳다는 것을 어떻게 증명할 수 있을까?

그들은 왜 이렇게 어리석고 실망스러울까?

학습자의 길로 이끄는 질문

제대로 진행되고 있는 것은 뭘까?

내가 책임져야 하는 것은 뭘까?

이 일에서 유익한 것은 뭘까?

내가 배울 점은 뭘까?

어떤 일이 가능할까?

심판자의 질문을 즐겨 사용하는 사람은 삶에서 문제를 먼저 찾는다. 책임을 피하기 위해 도망갈 곳을 먼저 찾고, 누구의 잘못인지를 가르고 탓하는 동안 상처와 후회, 실망을 맛본다. 반대로 학습자의 질문을 던지는 사람은 문제 안에서도 교훈을 발견한다. 자신의 책임과 능력을 최대한 발휘하면서 인생의 의미와 남은 기대를 만난다.

책에서는 선택하는 순간에 심판자의 질문을 하는지, 학습자의 질문을 하는지에 따라서 다른 세계를 경험하게 된다고 말한다. 즉 일상에서 무의식적으로 꺼내는 질문이 나의 기분과 행동을 좌우한다는 말이다. 따라서 삶의 크고 작은 사건들을 마주할 때 어떤 질문을 선택하고 있는지 스스로 성찰해볼 필요가 있다.

나는 어떤 질문을 던지며 살고 있는가?

심판자의 질문을 하며 살고 있지는 않는가?

상황을 다르게 보려면 어떤 질문을 해야 할까?

관계에서도 마찬가지다. 사람들에게 어떤 질문을 던지는가에 따라 상대는 다른 생각의 갈래를 선택하게 되고 그것이 기분과 행동을 좌우한다. 자녀들에게 방어와 변명을 불러일으키는 질문을 할 수도 있고, 자율과 확장을 이끄는 질문을 할 수도 있다. 동료들에게 마음을 어지럽게 만드는 질문을 할 수도 있고, 고통스럽지만 성장하게 하는 질문을 할 수도 있다.

좋은 질문이란 무엇일까? 단정하기는 어렵다. 질문자가 '이건 꽤 좋은 질문이야.' 하고 생각했더라도, 질문을 받는 사람만이 최종 평가를 내릴 수 있기 때문이다. 게다가 모든 질문은 상대의 상황에 따라 다르게 작용한다.

하지만 '질문하기'에 따른 부담을 덜 수 있도록 그동안 좋은 피드백을 받았던 질문들을 소개할 수는 있을 것이다. 나는 이것을 'OFTEN 질문법'이라고 부른다.

Opened Question (열린 질문)
— 잠재되어 있는 생각과 의견을 풍성하게 이끌어낼 수 있는 질문

iF Question (가설 질문)
— 가상의 제약을 넘어서, 다양한 입장과 관점에서 생각하게 하는 질문

Target-oriented Question (목표지향 질문)
— 미래의 목표에 초점을 맞추어, 긍정적 힘을 이끌어내는 질문

Emotion Question (감정 질문)
— 사실 이외에, 사람에 초점을 맞추어 심정을 헤아리는 질문

Neutral Question (중립적 질문)
— 생각/의도/감정을 강요하지 않은 질문

열린 질문

열린 질문이란, 질문 받는 사람이 풍성한 생각과 의견을 꺼낼 수 있도록 설계된 질문을 말한다. 즉 많이 말하고 길게 떠들 수 있도록 유도하는 질문이다. 머릿속과 가슴속에서 떠돌던 말을 마음껏 꺼낼 수 있도록 잘 다듬어서 질문하는 게 좋다.

열린 질문의 반대쪽에는 '닫힌 질문'이 있다. 예를 들어 '네, 아니오'나 단답형으로 종결되는 질문이 여기에 속한다. 상대방의 생각을 깊게 들어보겠다는 의지 대신 형식적으로 질문하거나 스스로 낸 결론을 재확인하는 질문일 경우가 많다. 그래서 닫힌 질문은 사람들의 참여를 이끌어내는 힘이 부족하다.

물론 닫힌 질문이 유용할 때도 있다. 신뢰를 바탕으로 한 관계에서는 닫힌 질문을 통해서도 충분히 대화를 이끌어낼 수 있고, 대화가 시작되는 초기나 유난히 말수가 적은 사람들과 대화할 경우에는 종종 의도적으로 사용되기도 한다. 다만 열린 질문을 잘 다듬어 사용하면 질문이 중언부언 되지 않고, 몇 개의 문장만으로도 대화를 이끌어 갈 수 있다. 단 질문이 꼬리에 꼬리를 물며 길어지면 의도와는 달리 몰아붙이는 느낌이 날 수 있으므로 조심해야 한다.

닫힌 질문의 예
별일 없지?
보고서 준비는 잘하고 있나?
확인해봤어?
잘할 수 있지?
더 말하고 싶은 거 있어?

열린 질문의 예
가장 좋았던 일은 뭐야?
준비하면서 가장 신경 쓰고 있는 것은 뭐지?
우리가 공유해야 할 것은 뭐지?
성공하기 위해 더 점검해야 할 것은 뭐지?
한 가지를 더 추가한다면 뭐가 있겠어?

가설 질문

　가설 질문이란, 현재의 제약에서 벗어나 다른 차원에서 대상을 바라보게 하는 질문이다. 우리는 늘 어떤 한계 때문에 꼼짝하지 못한다. 직위나 위치 때문에, 시간과 예산 때문에, 인력과 경험부족 때문에 현재를 넘어서기 어렵다고 말한다.

　'당시의 생각으로 문제를 해결할 수 없다면 다른 패러다임이 필요하다'는 아인슈타인의 말처럼, 벽에 막혀 있다는 느낌이 들 때에는 지금 서 있는 위치에서 한 걸음 떨어져 문제를 바라볼 필요가 있다. 현재가 아닌 과거나 미래, 내가 아닌 누군가의 입장, 한계보다는 현재의 충분함을 의식하면서 해결책을 다시 모색하는 게 도움이 된다.

질문이 가진 막강한 힘 중의 하나는 시간과 공간을 뛰어 넘게 한다는 것이다. 과거를 다시 불러와 다른 식으로 체험해볼 수 있게 하는 것도, 현재를 뒤바꿀 힘을 갖는 것도, 경험하지 못한 미래를 마음껏 상상해볼 수 있게 하는 것도 질문이 가진 힘이다. 가설 질문을 사용하면, 팀원도 상사가 될 수 있고, 거래처의 상대방이 될 수 있으며, 지금 하고 있는 일을 완결한 상태 혹은 부족함 없는 상태라고 가정하면서 또 다른 가능성을 찾을 수도 있다. 좁은 시야에서 벗어나 보지 못했던 것과 놓치고 있는 기회를 발견할 수 있다. 가설 질문은 프레임을 벗어나서 생각하게 만든다.

가설 질문의 반대쪽에는 '현재 질문'이 있다. 지금 이곳에서 벌어지는 일을 확인하는 형태다. 가설 질문이 일어나지 않은 상황에 대한 질문이라면, 확인 질문은 이미 벌어진 일을 구체적으로 점검하는 질문이라고 보면 된다. 아마도 우리가 일상에서 익숙하게 사용하는 질문일 것이다.

현재 질문으로 해결책을 찾을 수 없을 때, 대화가 더 이상 진전되지 않을 때 다양한 가설 질문들을 사용해보는 게 좋다.

현재 질문의 예
어디까지 진행됐지?
현재 가장 중요한 이슈가 뭐지?
필요한 의사결정 사항은 뭐지?

핵심이 뭐지?

잘되고 있는 것과 그렇지 못한 것은 뭐지?

가설 질문의 예

만약 다시 한 번 기회가 주어진다면, 어떻게 다르게 해보고 싶어?

만약 무조건 성공하게 된다면, 어떤 요인 때문일 거라고 생각해?

만약 네가 프로젝트를 이끈다면 무엇을 더 고려해야 할까?

만약 우리에게 예산이 충분하다면 어떤 시도를 해볼 수 있을까?

만약 너에게 시간이 충분하다면 무엇을 더 고민해보고 싶어?

목표지향 질문

목표지향 질문은 목표를 성취하는 과정에서 예상하게 되는 가능성과 기대에 대하여 묻는다. 목표 자체가 버거울 수 있고, 시장 환경과 내부 시스템이 열악하고, 협력 과정이 만만치 않을 수도 있지만 목표지향 질문은 부정적인 측면보다는 긍정적인 측면을 부각시킨다.

간혹 사람들은 질문한다. '현실이 만만치 않은데 그렇게 긍정적인 질문만 해서 도움이 될까요?', '그러다 중요한 것을 놓치게 되는 것은 아닐까요?'라고.

질문은 결국 변화를 돕는 도구다. 이곳보다 더 나은 곳으로 가기 위한 다리다. 목표지향 질문은 변화를 일으킬 때 필요한 에너지를 북돋아준다. '해서 뭐해, 어차피 안 될 거야' 하는 마음 대신, '그래도 다시 해보자'는 마음을 일으키려면 현실이 어려워도 그 안에서 시도해볼 수 있는 기회에 대해 스스로 납득할 수 있어야 한다.

목표지향 질문은 그럼에도 불구하고 포기하지 않고 일어나는 힘을 제공한다. 문제인 것, 안 되는 것에만 빠져 있지 않고 배울 수 있는 것, 잘할 수 있는 것, 가능한 것에 대해서 질문하고 답하다 보면 에너지가 충전된다.

반면에 장애 질문은 목표달성을 방해하는 원인들을 분석하는 질문이다. 목표 질문은 대부분 미래시제에 가깝고, 한계나 장애물보다는 자원이나 기회를 묻는다. 반면 장애 질문은 대부분 현재시제에 가깝고 문제와 실수, 대비해야 할 책임을 점검한다. 물론 두 가지 유형 모두 우리에게 필요한 질문들이다.

중요한 것은 균형적인 시각이다. 현재를 냉철하게 판단하되, 미래에 대한 가능성을 모른 척하지 않는 조화가 필요하다. 다른 사람의 변화와 성장을 돕기 위한 대화를 하고 싶다면, 먼저 목표 질문을 충분히 주고받은 후에 장애 질문을 탐색하기를 권한다. 처음부터 '문제가 뭐지?', '안 되면 어떡할래?'와 같은 장애 질문을 하게 되면, 두려움과 불안을 느끼게 된다. 심리적인 위협을 느끼면 사람은 큰 그림의 판을 읽기 어려워지고, 문제를 뚫어지게 바라보느라 가지고 있는 가능성을 충분히 발휘하기 어렵다. 한번 발목이 잡히면 늪을 벗어나기 어렵기 때문에 다음 도전이 부담스러워진다.

장애 질문의 예

문제가 뭐지?

실패하면 어떻게 되지?

누가 책임질 거지?

우리가 실수한 것은 뭐지?

우리가 대비해야 할 최악의 상황은 뭐지?

목표 질문의 예

우리가 최종적으로 달성하고 싶은 목표는 무엇이지?

이 고비를 넘기고 나면 배울 수 있는 것은 무엇이지?

지금 주어진 상황에서 최선의 선택이란 무엇일까?

네가 가지고 있는 자원 중 해결에 도움이 되는 것은 무엇일까?

우리가 활용할 수 있는 주변의 도움은 무엇일까?

감정 질문

　감정 질문이란, 사람의 마음과 심정에 초점을 맞추는 질문이다. 요즘 팩트 폭행이라는 말이 유행이다. 사실로 폭행한다는 의미, 즉 사실적인 근거를 내세워 상대방의 정곡을 찌른다는 의미다. 하지만 팩트 폭행은 감정과 정서를 무시하는 행위다. 팩트 이면에 숨겨진 정서를 전혀 돌아보지 않는 기술이다.

　마음과 마음이 연결되려면 사실 뒤에 감추어진 진짜 마음, 사실에 묻혀 드러나지 않는 속사정을 풀어내야 한다. 그렇지 못하면 대화는 흐려지거나 알맹이 없이 지지부진해지거나 생각지 못한 방향으로 흘러가 서로의 마음을 상하게 한다.

감정 질문은 우리에게 성찰하는 시간을 준다. 감정은 이성이 미처 챙기지 못한 것들을 알고 있다. 그래서 감정에 대해 묻고 대답하다 보면 자신도 몰랐던 마음과 감정을 돌아보게 되고, 그럼으로써 치유가 일어난다. 감정 질문은 우리를 잠시 멈추게 하고 돌아보게 한다.

반면 사실 질문은 근거와 사실, 데이터, 프로세스처럼 눈으로 확인할 수 있고, 숫자로 보이는 것들에 관한 질문이다. 사람들은 사실 질문에 익숙하기 때문에 감정 질문을 연습할 때면 쑥스러움에 몸부림친다. 특히 중년 남성들은 '마음, 감정, 기분'을 모른 척하며 살아온 시절이 있기 때문에 문을 열고 나오기 힘들어한다. 그렇기 때문에 감정 질문을 다루려면 일단 자신의 감정을 마주하고 표현하는 연습이 필요하다.

오늘따라 내 앞의 사람이 집중하지 못하고 실수가 많다면, 얼굴빛이 어둡다면, 알 수 없는 불편함이 느껴진다면 그 순간 필요한 것은 감정 질문이다. 사실을 따져 묻기 전에 사람의 마음에 관해 물어야 한다.

사실 질문의 예
구체적인 근거를 들어본다면?
그 중에서 확인된 사실은 무엇이지?
필요한 데이터는 무엇이지?

검증이 필요한 자료는?

개선이 필요한 프로세스는?

감정 질문의 예

그때 어떤 심정이었어?

진짜 마음속에서 하고 싶었던 말은 뭘까?

주저하는 마음이 드는 이유는 뭘까?

그것은 어떤 감정일까?

무시하고 싶었던 마음의 소리는 무엇이었을까?

중립적 질문

중립적 질문이란, 생각과 의도를 담지 않은 질문을 말한다. 순수하게 상대방의 의견을 듣고자 하는 질문으로 깔끔하고 담백하다. 반면에 물음표의 형태는 띠고 있지만, 이미 답을 내포하고 있는 질문들도 있다. 얼핏 들으면 생각을 묻는 것 같지만, 특정한 방향으로 대화를 이끄는 의도가 엿보이는 질문을 유도질문이라고 한다. "방 치워야 하지 않겠니?", "맛있지 않니?", "이거 괜찮지?"와 같은 질문들이 여기에 속한다.

기본적으로 질문은 상대방을 대화에 적극적으로 참여시키기 위해 사용하는 도구다. 마음을 열고 스스로를 돌아보게 함으로써 생각의 환기를 돕는다. 그러나 질문하면서 주도하려는 의도를 드러내면 상대방은 압박감을 느끼게 된다. 그런 질문을 만나면 생각이나 감정, 본심은 다시 저 깊은 곳으로 쏘옥 들어가 버리고 만다.

질문은 사람을 향한 호기심을 토양으로 한다. 그러나 사람이 아닌 말에 더 관심을 두는 유도질문은 상대방이 진짜 생각을 꺼낼 수 없게 만들 뿐 아니라, 질문에 대한 거부감과 상대방에 대한 불쾌함을 증폭시킨다. 그런 의미에서 유도 질문은 다양한 질문의 형태 중에서 가장 피해야 할 질문 유형이다.

질문자가 조심한다고 해도 유도 질문을 받게 되면 상대방은 자기 안에서 답을 찾으려고 하기보다는 상대방의 기준에서 바라보는 옳고 그름, 정해둔 답이 무엇인지를 찾으려고 한다. 직원이 상사의 분위기를 살피고, 아이가 엄마의 표정을 관찰하듯이 말이다. 만약 당신의 의견이 따로 있거든 애매하게 질문하지 말고 직접적으로 말해야 한다. "나는 이렇게 생각해." 하고 확실하게 뜻을 밝히는 것이 괜한 의혹을 피하는 방법이 될 수 있다. 혹시 내 질문이 상대를 시험에 들게 하는 것은 아닌지, 이중성을 담은 혼란스러운 메시지를 전달하는 것은 아닌지 살펴보아야 한다.

유도 질문의 예
네 생각대로 잘될까?
예전에 이거 해본 적 없지?
과연 기한 내에 하는 게 가능할까?

나는 이렇게 생각하는데, 넌 어때?

이게 먼저이지 않나?

중립적 질문의 예

각각의 장단점은 무엇이지?

예전 경험을 활용한다면 어떻게 할 수 있을까?

이 일을 가능하게 하기 위해 필요한 것은 무엇일까?

어떤 기준으로 판단해야 할까?

우선순위를 구별할 수 있는 방법은 무엇일까?

연습하기

지금까지 당신의 질문 기술 확장을 위한 OFTEN 질문들을 살펴보았다. 하지만 실제 사용할 때는 이처럼 질문의 유형을 명확하게 구분하기는 어려울 것이다. 예를 들어 "이번 프로젝트를 통해 얻고 싶은 것은 뭐지?"와 같은 경우, 그것은 열린 질문이면서 목표지향 질문이고 중립적인 질문이다. 반대의 경우도 마찬가지다. 닫힌 질문이자 현재형 질문이 될 수도 있고, 장애 질문, 사실 질문, 유도 질문이 모두 섞인 것일 수도 있다. 다만 질문의 유형을 알고 있다면 상황에 맞는 질문을 사용하는 데 도움이 된다.

이제 몇 가지 상황을 조금 더 연습해보자. 다음은 사무실에서 일어날 수 있는 대화의 한 장면이다.

"선배님, 김 과장님과 일하기 힘듭니다. 불편해서 일을 할 수가 없어요. 김 과장님은 아무래도 저를 못마땅해 하시는 것 같아요. 그냥 넘어갈 일도 저한테는 까다롭게 구시는 것 같고, 다른 사람들 앞에서 저를 무시하는 발언을 하시면… 도저히 참을 수가 없어요."

만약 후배가 이렇게 말한다면, 당신은 어떤 질문을 선택해서 대화를 이어나갈 것인가? 지금까지 정리한 다섯 가지의 질문 유형을 고려하면서 질문세트를 만들어보자. 다만 각각의 유형에 딱 맞아 떨어지는 질문을 찾으려고 애쓰기보다는 각각의 특징과 본질을 염두에 두면서 유연하게 만들어보는 것이 더 현실적이다.

질문 1. _____

질문 2. _____

질문 3. _____

질문 4. _____

질문 5. _____

물론 질문하는 대신 이렇게 조언하거나 설득할 수도 있다.

"김 과장이 너만 미워할 이유가 뭐가 있어. 서로 성격이 안 맞거나 업무 스타일이 다른 거지."

"김 과장이 좀 까다롭기는 하지. 그래도 일은 깔끔하게 잘하잖

아. 그냥 배운다고 생각해."

"힘들어서 어쩌니. 그래도 후배가 참는 수밖에 없지."

자칫 잘못하면 '내가 말하고 싶은 유혹'에 빠질 수 있지만 우리는 이때 기억해야 한다. 지금 일방적으로 쏟아내는 말들은 상대방에게 전혀 도움이 되지 않는다는 것을. 이미 후배는 상처받았고 김 과장과 같이 일하기 힘들다는 생각에 매몰되어 있다. 그것을 몇 마디의 말로 뒤집을 수 있다고 생각하는 것은 욕심일 뿐이다.

아래처럼 의도를 담아 질문을 던질 수도 있다.

"김 과장하고 대화는 해봤어?"

"프로젝트를 따로 진행하는 건 어때?"

"네가 김 과장에게 실수한 건 없니?"

하지만 이것은 질문이 아니다. 질문의 형식을 띠고 있지만 중립적이지 못한 유도 질문이다. 질문 속에 제한과 공격이 담겨 있기 때문에 순수한 질문이라고 보기 어렵다. 아무리 깊은 통찰이 담겨 있다 하더라도 사람들은 그러한 질문에는 마음을 열지 않는다.

다섯 가지 질문의 특징을 담고 있는 질문이란 예를 들면 아래와 같다.

열린 질문의 예

구체적으로 어떤 점이 힘들어?

예를 들면 어떤 상황일 때 특히 불편해?

가설 질문의 예

만약 김 과장의 입장이라면, 지금 어떤 생각을 하고 있을까?

만약 서로 보지 못하고 있는 것이 있다면 그것은 무엇일까?

만약 다시 대화할 기회가 생긴다면 어떻게 해보고 싶어?

만약 관계를 새로 시작한다면, 무엇을 다르게 해보고 싶어?

목표지향 질문의 예

과거에도 이런 경험이 있었다면, 그때는 어떻게 해결해냈어?

그럼에도 불구하고 네가 할 수 있는 것은 무엇일까?

감정 질문의 예

그런 이야기를 들으면 어떤 기분이 들어?

김 과장에 대한 네 진짜 속마음은 어떤 거야?

중립적 질문의 예

지금 상황에서 네가 할 수 있는 것과 없는 것은 무엇일까?

네가 가장 먼저 해결해야 할 것은 뭐라고 생각해?

이러한 질문들은 자녀와의 대화에서도 유용하다.

"엄마, 아무래도 공무원은 제 적성이 아닌 것 같아요. 안정적인 직업도 좋지만 저는 계속해서 도전하고 자극을 느끼는 일을 할 때 신이 나거든요. 시간이 조금 더 걸리더라도 제가 하고 싶은 일을 찾고 싶어요."

예를 들어, 자녀가 이런 마음을 털어놓았다면? 게다가 그 생각이 당신의 생각과 아주 다르다면 어떻게 해야 할까? 물론 해주고 싶은 말이야 많을 것이다. 하지만 이런 상황에서 말로써 설득할 수 있을 확률은 거의 없다. 말에 치중하다 보면 결국 서로가 자신의 말만 하느라 분위기가 험악해질 수 있다. 이럴 때는 당장 어떤 결론을 내리기보다 중립적인 질문을 던져 대화의 문이 닫히지 않도록 하는 게 더 중요하다. 질문을 통해 아이가 자신의 생각을 돌아보고 현명한 결정을 내릴 수 있도록 도와야 한다. 자, 그럼 이제 우리는 어떤 질문을 던져야 할까?

이때 주의할 것은, 절대 유도 질문을 사용하면 안 된다는 것이다. 만약 그럴 자신이 없다면 차라리 질문 기술을 사용하지 말고 평소대로 말하는 편이 낫다.

질문 1. ....
질문 2. ....
질문 3. ....
질문 4. ....
질문 5. ....

열린 질문의 예
그런 생각을 하게 된 계기가 뭐였니?

지금 네가 확실하게 내린 결론은 뭐지?

가설 질문의 예

만약 5년 후에 지금의 너를 보면 어떤 생각을 하게 될까?

만약 네가 지금 포기한다면 가장 후회되는 것은 무엇일까?

만약 친한 후배가 같은 일로 고민한다면 너는 뭐라고 조언해주고 싶니?

만약 심리적인 압박감이 없다면 무엇을 시도해보고 싶어?

목표지향 질문의 예

네가 이런 고민들을 통해서 배울 수 있는 것은 무엇일까?

더 좋은 선택을 하기 위해 도움을 받을 수 있는 방법은 뭐가 있을까?

감정 질문의 예

지금 네 마음은 어떠니?

가장 기대되는 것과 가장 걱정되는 것은 어떤 거야?

중립적 질문의 예

현재 결정을 내려야 할 것들은 무엇이지?

더 확인해야 할 사실들은 무엇이지?

이러한 질문 기술들은 친구와 대화할 때, 동료와 회의할 때, 고객과 미팅할 때 아주 유용하게 사용할 수 있다. 물론 이 기술들이 마법의 만능열쇠는 아니다. 'OFTEN 질문법'은 질문 기술을 처음 접하는 여행자들을 위한 세트상품 같은 것이다. 길을 헤매지 않도록 방향을 알려주는 깃발 정도로 생각하면 좋겠다. 질문 규칙에 익숙해지고 질문을 의식하는 것보다 사람에게 더 집중할 수 있을 때까지, 그리하여 마침내 질문을 주고받는 것에 자연스러워질 때까지 사용하다 보면 그 후에는 스스로 더 다양한 질문 기술을 찾아보게 될 것이다.

좋은 질문에는 깊이가 있다. 아주 깊은 곳에 숨겨져 있던 풍성한 스토리를 끌어올린다. 좋은 질문은 예리하다. 상대방이 놓치고 있던 것을 정확하게 상기시킨다. 강력한 질문들은 간결하다. 불필요한 생각을 덧붙이지 않기 때문에 군더더기가 없고, 균형이 잡혀 있다.

질문 연습을 하다 보면 자신도 모르게 좋은 질문에 대한 욕심이 생긴다. 그러면서 '다음에는 어떤 질문을 해야 하지?'라는 생각에 사로잡혀 대화에 집중하지 못할 때가 온다. 하지만 가장 좋은 질문은 자신의 머릿속에서 나오는 게 아니라 상대방의 이야기 속에서 나온다. 미리 무기를 준비해 나가는 게 아니라 상대방의 말 속에서 필요한 질문을 감각적으로 잡아내는 것이다.

사람 간의 대화에는 고정된 시나리오가 없다. 그렇기 때문에 질문도 이야기의 흐름에 따라 달라진다. 좁은 틀에 갇혀 있는 사람에게는 가설 질문을 던지고, 부정적인 상황에 매몰되어 있다면 목표지향 질문을 던지고 마음을 들여다보는 시간이 필요한 사람에게는 감정 질문을 해주어야 한다. 상대방의 상황에 필요한 질문일 때 그것은 가장 좋은 질문이 된다.

그렇기 때문에 좋은 질문은 정성어린 경청이 만든다. 날카로운 질문 한 방으로 깨달음을 주겠다는 욕심을 부리면 질문을 챙기다 사람을 놓친다. 먼저 대화로 걸어 들어올 수 있도록 충분히 듣고 격려하면서 문턱을 낮추어야 한다. 그래야 경계심이 낮아지고 질문에 대한 거부감이 사라진다. 질문을 한 후에도 다음 질문을 찾느라 배회하는 대신 그 자리에서 기다리자. 이것을 지키지 못하면 질문은 어느새 상대방을 추궁하는 양떼몰이가 되고 만다.

자, 이제 스스로에게 질문하는 것으로 지금까지 알아본 좋은 기술을 사용해보자. 스스로 질문을 음미할 수 있어야 질문하기에 익숙해지고, 답을 찾는 과정과 기쁨을 맛보아야 질문의 가치를 인정하게 된다. 그래야 비로소 아끼는 사람들과 질문을 나누고 싶은 마음이 생긴다.

욕심내지 말고 가벼운 질문부터 시작하자. '왜 사는가', '어떻게 죽음을 준비할 것인가'와 같은 거창한 질문만 있는 것이 아니다. 평범하고 소소한, 일상의 질문부터 시작하자. 그렇게 작은 걸음을 계속하다 보면 마침내 사람을 담는 질문이 무엇인지 서서히 깨닫게 될 것이다.

어떤 질문으로 오늘 하루를 시작했는가?

지금 내게 필요한 질문은 무엇인가?

내가 아주 오랫동안 품어온 질문이 있다면 그것은 무엇인가?

사람 사이에

‘말’이 있다

Part 5

말 비워내기

몇 주 전, 지인의 상가 집에서 교수님 두 분을 뵈었다. 한 분은 삶에 대한 좋은 말씀을 해주셨고, 또 다른 분은 우리의 일상과 근황을 물으셨다. 좋은 말씀 앞에서 제자들은 두 손을 모은 채 고개를 끄덕거렸고, 친숙한 질문 앞에서는 자연스럽게 자신의 이야기를 쏟아냈다. 나는 두 분을 바라보면서 문득 '말을 비워내는 것'에 대해 생각해보았다.

『침묵의 기술』이라는 책에, 이런 문장이 있다.
"나이든 사람들은 무엇보다도 너무 많은 말을 해서 듣는 이를 피곤하게 하는 것부터 피해야 한다. 늙어가면서 자기도 모르게 저지르는 잘못 중에는 말하기를 지나치게 밝히는 것도 포함된다. (중략) 젊은 사람들 앞일수록 조심성을 잃지 말아야 하며, 그 조심성은 존중의 수준으로까지 격상될 필요가 있다. 나이든 사람의 입에서 나온 과격하거나 불경스러운 말 한마디는 반듯한 사고를 갖춘 젊은이의 빈축을 살 뿐이다."

즉 사람은 나이가 들수록 말을 욕심내게 된다는 뜻이다. 인격이 훌륭한 사람들도 넘치는 말을 조절하지 못해 그 진가가 묻힐 때가 있다. 그 흐름을 바꾸려면 인내와 수양의 시간이 필요하다. 위의 책에서는, 침묵보다 나은 말이 있을 때만 입을 열라고 조언하는데 그것은 결국 말에 대한 욕심을 내려놓아야 한다는 뜻이기도 하다. 그리고 사실 그것이야말로 가장 높은 경지의 말하기 기술이다. 적절한 순간에 침묵하고, 경청하고, 질문하는 것이야말로 가장 세련된 말하기 기술인 셈이다.

말이 업인 사람들은, 말을 잘하면 유리하다. 그러나 모든 사람들이 말을 대단히 잘할 필요는 없다. 오히려 내가 쏟아내는 말들이 제대로 숙성되어 있는지 점검해보는 게 더 중요하다. 가까운 누군가를 지켜내기에 충분한 말인지 돌아보아야 한다. 나이 들수록 나의 말 그릇이 제대로 깊어지고 있는지, 적당히 채워지고 비워지고 있는지 가늠할 수 있어야 한다. 해를 넘길 때마다 나이와 주름살을 확인하듯 자신의 말 그릇도 들여다볼 수 있어야 한다.

말에 책임을
진다는 것

이 책은 '왜 우리는 나이 들어서도 성숙한 대화를 하지 못할까?'에 대한 물음에서 시작되었다. 마흔을 넘기면 자신의 얼굴에 책임을 져야 한다는 말이 있다. 사람의 인격이 표정 안에 고스란히 새겨지기 때문이다.

말도 그렇다. 경험이 많아지고, 삶의 연륜이 더해질수록 말에 책임을 져야 한다. 세상에는 '몰라서' 하는 말이 있고, '알면서도' 하는 말이 있다. 그리고 나이가 들수록 '몰랐다'며 피해갈 수 있는 기회는 점점 사라진다. 어른이 되어 간다는 무게감에는 말에 대한 책임감도 포함되어 있다.

모든 대화에는 각자가 짊어져야 할 책임이 있다. '어쩔 수 없이 주고받는 대화'에서도 그 몫은 여전하다. 아래의 상황을 살펴보자. 이것은 우리가 흔히 말하는 '실패한 대화'의 한 예다. 대화를 주고받는 목적은 사라지고, 서로의 마음은 멀어져버렸다.

선배와 후배의 대화
선배 : 지난번에 말한 보고서 준비됐어?
후배 : 네? 아직 안 됐는데요.
선배 : 내가 몇 번을 말했니. 기한 지켜야 한다고 했잖아.
후배 : 죄송해요. 말씀드리려고 했는데 자리에 안 계셔서… 그리고…
선배 : 지금 그걸 말이라고 하니?

엄마와 자녀의 대화
엄마 : 너 방 치웠니?
자녀 : 아직.
엄마 : 방이 그게 뭐야? 그래서 공부가 되겠어?
자녀 : 제가 알아서 할 게요.
엄마 : 알아서 하는 애가 그래?
자녀 : (쾅!)

자, 위 상황들에서 어떤 사람의 잘못이 더 큰지, 누가 이 실패한 대화의 책임을 더 짊어져야 하는지 생각해보자. 미리 준비하지 못하고 변명만 늘어놓는 후배? 먼저 챙기지 못하고 윽박지르기만 한 선배? 부모 자녀 간의 대화도 살펴보자. 방청소를 안 한 것에 공부 문제까지 들먹이며 잔소리한 엄마? 엄마의 말을 퉁명스럽게 받아쳐버린 아이?

사실상 실패한 대화는 그 대화에 참여한 모든 사람에게 그 원인이 있다. 즉 앞의 상황에서라면 선배와 후배, 엄마와 자녀가 공동 책임자다. 대화는 돌고 도는 순환 관계다. 한 사람이 다른 한 사람에게 일방적으로 영향을 미치는 직선 관계가 아니다. 그럼에도 불구하고 우리는 이런 상황에서 자신의 책임을 찾으려고 하기보다 상대방에게 잘못을 돌리기 바쁘다.

심리학에서는 이것을 '대화의 연속성 – 마침표의 원리'로 설명한다. 순환적인 인간관계 속에서 원인과 결과는 맞물려 있기 마련인데, 사람들은 문제의 원인이 상대방에게 있다고 원망하면서 자신에게 유리한 방향으로 마침표를 찍는다.

이를 테면 선배는 '후배가 미리미리 준비하지 않으니 싫은 소리를 할 수밖에 없다'고 생각하고, 후배는 '도와주지도 않으면서 책임만 지우니 일이 될 리 없다'고 원망한다. 엄마는 '공부하는 태도가 저 모양이니 잘될 리가 없다'고 하고, 아이는 '엄마가 사사건건 간섭하니 집중이 될 리 없다'고 대항한다. 자신의 위치에서 나름의 이유를 만들어 절반의 책임까지 피하려 든다.

우리나라 도로교통법에는 '교통정리가 없는 교차로에서의 양

보운전 조항'이라는 것이 있다. 신호등이 없는 교차로에서 직진하는 차량과 좌회전 하는 차량이 충돌하면 대략 40대60으로 책임을 나눈다. 직진하던 차량은 가고 있던 길을 간 것뿐이고 좌회전 차량이 조심하지 않은 것이라고 억울해할지도 모른다(상대방은 그 반대로 생각할 것이다). 하지만 법은 양보의 책임이 각자에게 있다고 말한다.

가까운 관계에서 주고받는 대화도 신호등 없는 교차로와 같다. 잠깐 멈추라는 '빨간불'도, 조심해달라는 '노란불'도 없기 때문에 서로가 무심하게 선을 넘는다. 그래놓고 "내가 너한테 어떻게 했는데 이렇게 나오냐?"며 화를 내거나 "너는 어째서 말을 그렇게밖에 못하냐!"며 상대를 향해 손가락질을 한다.

이때 반복되는 충돌을 피하고 싶다면 어렵지만 '쟤 때문이야'라는 마음을 내려놓고 '내가 책임져야 할 몫'에 대해 생각해봐야 한다. 어른의 대화란 정리가 되지 않는 상황에서도 양보하면서 선을 지키는 것, 설령 사고가 나더라도 절반의 책임에서 물러나지 않는 것을 말한다. 스스로 책임질 마음 없이 상대방에게만 책임을 지우려고 하면 대화는 점점 소모전이 되고 관계는 악화된다.

책임감(Responsibility)은 'Response+ability'의 조합으로 탄생한 말이다. 즉 반응할 수 있는 능력이라는 뜻이다.

말에 책임을 진다는 것도 관계에서 내가 무엇을 더 할 수 있고, 덜 해야 하는지를 판단하고 실행할 수 있다는 의미다. '~때문에'라며 원망하고 비난하는 것은 어린아이도 할 수 있다. 미숙한 아이들일수록 "다 너 때문이야!"라는 말을 자주 쓴다. 힘들고 곤란한 일을 받아들일 힘이 아직 없기 때문에 가장 가까운 사람에게 잘못을 떠넘기는 것이다. 그리고 이것은 말에 책임감을 느끼지 못하는 사람들이 선택하는 가장 본능적이고 쉬운 기술이기도 하다.

하지만 그들에게도 대화 내용을 녹음해서 들려주거나 주변에서 받은 피드백을 들려주면 "아, 제가 이렇게 말했군요. 그래서 상대방이 그런 반응을 보였네요.", "맞아요. 저부터 변해야겠네요."라고 받아들이는 경우가 있다.

말의 변화는 바로 그때부터 시작된다.

자신을 바라보고 절반의 책임을 받아들일 때 비로소 대화 능력은 바뀌기 시작한다. 그 과정이 선행되지 않은 채 말 기술만 배우면 말투가 달라졌다고 해도 어색하게 느껴질 뿐이다.

정신분석학자 에리히 프롬(Erich Pinchas Fromm)은 『사랑의 기술』이라는 자신의 책에서 사랑에 대해 현대인이 지니고 있는 몇 가지 태도에 의문을 제기했는데, 특히 다음 두 가지 주장이 인상적이다.

"대부분의 사람들은 사랑의 문제를 '사랑할 줄 아는 능력'의 문제가 아니라 오히려 '사랑받는' 문제라고 생각한다. 내가 상대방을 얼마나 사랑할 수 있는 사람인가에 관심을 두기보다는 어떻게 하면 사랑받을 수 있을까에 집중한다. 또한 사랑하는 것을 이러한 '능력'의 문제가 아니라 '대상'의 문제로 가정한다. 즉 사랑에 실패했을 때, 마땅한 상대가 아니었다거나 꼭 맞는 사람이 아니었다고 말할 뿐 자신의 사랑하는 능력이 부족해서라고는 설명하지 않는다."

에리히 프롬은 사랑이란, 사랑하는 능력을 키우는 것에 관한 것이고 그것은 대상의 조건에 따라 달라지는 문제가 아니라고 말한다. 사랑할 수 있는 능력이 충분한 사람은 더 많은 사람들에게 사랑을 줄 수 있다. 그래서 그는 '사랑이 과연 기술인가, 기술을 익힌다고 해서 그것이 사람의 사랑하는 능력을 키워줄 것인가?'와 같은 의문을 끊임없이 표한다.

나는 이러한 현상이 우리의 '말'에도 똑같이 작용하고 있다고 믿는다.

대부분의 사람들은 대화를 '상대방을 이해하는' 차원이 아니라 '내가 이해받기' 위한 문제로 생각한다. 내가 누군가의 이야기에 얼마나 귀 기울이는 사람인지, 상대방의 진가를 발견하기 위해 무엇을 해야 하는지 생각하기보다는 '어떻게 나한테 그런 말을 할 수 있어?', '어떻게 내 마음을 그렇게 몰라줄 수 있어?'에 집중한다. 상대방이 그때 어떤 말을 했고, 그 말이 내 기분을 어떻게 상하게 했는지에만 집중한다.

게다가 사람들은 대화를 '능력'의 문제가 아니라 '대상'의 문제로 간주한다. 상대가 유난히 까다로운 사람이고, 사이코적 기질이 다분해서 말이 안 통하는 것이라고 믿는다. 그러나 대화는 대상의 문제가 아니라 능력의 문제다. 내가 넉넉한 말 그릇을 지녔다면 대화하기에 어려운 상대방을 만나도 대화를 지속할 수 있다. 대화 능력을 가진 사람은 실제로 다양한 유형의 사람들과 소통할 수 있다.

대화 능력이 있는 사람은 조금 더 높은 차원에서 관계를 바라본다. 꼬리에 꼬리를 물면서 잘못을 따지는 입씨름에서 벗어나, 말 속에 숨어 있는 메시지를 따라 다른 통로를 발견한다. 말에 매몰되지 않고 더 높은 관점에서 대화할 수 있는 사람은, 대상을 탓하지 않는다. 버거운 상대를 만나더라도 사람에 대한 근본적인 이해와 따뜻한 배려를 놓지 않으려고 애쓴다.

이해받으려 하기 전에 이해하기 위한 도구로써 말을 사용하는 것, 그리고 상대방의 인성과 성격을 탓하기 전에 자신이 그것을 담아낼 수 있는 그릇이 되는가를 돌아보는 것, 말의 수준이 높다는 것은 아마도 이 두 가지 법칙을 이해하고 있다는 뜻일 것이다.

나와 연결되기

한 가지 능력을 키우기 위해서는 그것에 대한 지식을 쌓고, 적절한 기술을 배우고, 태도를 정비하는 종합적인 훈련이 필요하다. 그러나 안타깝게도 우리는 '말의 기술'에는 귀를 쫑긋 세우면서도 '말을 향한 태도'에는 조금 무관심하다. 태도를 정비하는 일은 시간이 필요하고, 번거롭고, 골치 아프기 때문이다. 하지만 이것을 건드리지 않고, 손쉽고 가벼운 기술만 익힌다면 결국 언젠가는 예전의 말하기 습관으로 되돌아가게 될 것이다.

말을 향한 태도를 다듬는다는 것은 마음이 작동하는 원리, 생각이 흘러가는 구조, 말을 타고 전해지는 너와 나의 심리적 기제에 관해 아는 것이다.

그리고 그 과정에서 가장 먼저 보듬고 이해해야 할 사람은 바로 자기 자신이다. 말과 사람에 대한 태도를 정비하는 작업은 자기성찰과 자기수용에서 시작되어야 한다. 사람들과 연결되려면 일단 나 자신과 연결되어 있어야 한다. 흔들리지 않는 대화능력을 갖추려면 먼저 자신의 내면과 이야기를 나눠야 한다. 나에 대한 다양한 증거들을 이해하고 숨기지 않고 받아들이는 과정을 거쳐야 한다. 그래야 비로소 내면의 안정감을 얻게 되고, 그때야말로 안정된 말이 나온다.

자신을 있는 그대로 받아들일 준비가 되지 않은 사람들은 말을 두루뭉술하게 한다. 마음과 대면할 용기가 없기 때문이다. 감정 다루기를 어려워하고, 타인의 감정에 대해 필요 이상으로 민감하기 때문에 애매하게 말하고, 돌려 말한다. 특정한 감정을 억누르거나 과도하게 부풀리기 때문에 한쪽으로 치우친 관점을 가지기 쉽다.

'억울함'에 치우쳐 있는 사람들은 작은 일에도 '왜 나만 이러는 거야' 하는 심정이 된다. 자신을 향한 안쓰러움과 연민이 결국 세상에 대한 부정과 왜곡을 만들어내기 때문에 다른 사람과의 깊이 있는 교류를 방해한다.

자신을 껴안지 못한 상태에서 이루어지는 상호작용은 지속되기 어렵다. 자신만으로 충분치 않기 때문에 서로에게 지나친 기대를 하고 또 실망하기를 반복한다. 상대방의 반응에 따라 기분이 좌지우지되고 말과 행동을 결정하지만 현실은 늘 불안하고 불만족스럽다. 그래서 때로는 오히려 사람을 교묘하게 조정하거나 이용하려고 든다.

해결되지 못한 채 마음속에 남아 있는 문제들은 자꾸 현재로 튀어나와 비슷한 문제들을 만든다. 문제를 해결하려면 그것을 똑바로 응시해야 한다. 그것이 두렵다고 주변만 서성이다 보면 상처는 깊어진다. 만족스럽지 않은 현실이 싫어서 자꾸 누군가를 탓하지만, 그럴수록 자신에 대한 실망과 미움이 자란다.

자신을 알고, 이해하고, 용서하고, 화해하며 격려하는 연습이 안 된 사람이 다른 사람에 대한 너그러운 마음을 가지기란 어렵다.

잘나가는 친구나 선배들을 볼 때마다 어릴 적부터 비교 당했던 형 생각이 나서 마음이 불편해진다는 사람, 엄마와 대화할 때마다 나를 외롭게 방치해두던 예전 기억이 떠올라서 화가 난다는 사람, 배신하고 떠난 누군가 때문에 새롭게 만난 이들에게 마음을 열기 어렵다는 사람 모두 상처 입었을 때 자기를 안아주고 다독이는 과정이 충분치 않았기 때문이다. 불편한 현실을 마주하고 그 속에서 감정을 분리하고 털어버려야 하는데 그 과정을 슬쩍 건너 뛰어버린 사람은, 여전히 내면이 그곳에 묶여 있다. 그렇기 때문에 말도 항상 그 자리에 머무른다.

반대로 적극적으로 자기를 이해하고 받아들이려고 노력했던 사람들은 무조건적인 존중과 따뜻한 관심의 눈빛으로 자신을 바라본다. 꾸준히 자기 성찰을 해온 사람들은 완전하지 않아도 괜찮다고 생각한다. '너 그동안 힘들었지. 잘 견뎌 왔어. 후회와 실수도 있었지만, 그것도 나의 모습인걸. 여기까지 오느라 수고 많았어.' 하고 자신을 다독일 줄 알고, 그 힘으로 또 다른 고비를 넘기면서 앞으로 나아간다. 그 길에서 만난 사람들과 어우러져 살아간다.

모든 사람의 인생에는 저마다의 사연이 담겨 있다. 당신의 인생에는 어떤 사연이 담겨 있을까. 당신의 말 그릇 안에 담겨 있는 수많은 기억들을 꺼내어 보길 바란다. 각각의 기억을 햇볕에 말리고, 아직 꺼내보기 힘든 기억은 잠시 쉬게 놔두면서 천천히 자신과 만나보자. 그렇게 마주하고 나면 이제 당신의 마음과 당신의 말이 달라질 것이다.

그러고 나면 밖으로 나가 더 많은 사람들과 관계를 이어나갈 수 있게 될 것이다. 자신을 들여다보던 거울로 다른 사람을 비추면서, 말로 사람을 위로하고 안아줄 수 있게 될 것이다.

말을 바라본다는 것은 사람을 바라본다는 것이고,
사람에 대한 이해는 나 자신에서 출발해야 한다.

관계의
3가지 법칙

나는 수학을 참 못했다. 등한시한 건 아니었는데도 들인 시간에 비해 성적이 엉망이었다. 그러나 나와 달리 수학을 좋아하는 친구들도 있었다. 그때의 나로서는 절대로 이해할 수 없었지만 그들은 수학에 원리가 숨어 있다고 했다. 그것을 이해하고 나면 어떤 문제든 조금만 응용하면 풀어낼 수 있다고, 그것이 수학의 매력이라고 했다.

어릴 적 수학의 원리는 절대 이해할 수 없었지만, 사람 사이의 관계에 대해서는 나도 이제 조금 할 말이 생겼다. 사람을 이해하는 데 도움이 되는 원리를 어렴풋이 알게 되었으니까. 이 원리들을 기억해두면 대화가 힘든 사람들 속에서도 버팀목이 되어주고,

내 능력이 시험당할 때마다 작은 안식처가 되어준다.

첫 번째 관계의 법칙:
사람은 누구나 '나'를 사랑한다

가족, 돈, 명예, 건강 등 사람들이 살면서 사랑하고 지키고 싶은 것들은 많지만 그 중 관계를 맺을 때 기억해야 할 것을 하나만 꼽는다면, '사람은 누구나 나를 사랑한다'는 법칙이다. 누가 가르쳐 주지 않아도 사람들은 본능적으로 자신을 정당화하고 보호하는 방향으로 움직인다.

예를 들어, 우리는 대화할 때 "누구나 그렇게 생각하는 거 아니야?"라고 말하면서 자신의 입장을 옹호한다. 내 생각이 아주 평범하고 일반적이라는 뜻이다. 그러나 동시에 "나니까 이런 생각도 하는 거야." 하면서 스스로를 특별하고 독특한 존재로 만들기도 한다. 사람들은 편의에 따라 이 두 가지 입장을 자유자재로 오간다.

"너, 내가 그럴 줄 알았어."라는 말도 자주 사용한다. 말하지 않았을 뿐 모든 것을 예측하고 있었던 것처럼 보이고 싶기 때문이다.

담배가 폐암에 미치는 피해나 교통사고 증가율에 대해서는 통계는 통계일 뿐 나와는 상관없다고 생각하는 것, 즉 부정적인 사실에 대해서는 나와 별개라는 태도를 취하는 것도 비슷한 맥락이다.

그런가 하면 자신이 선택한 것에 대해서는 "처음부터 이게 마음에 들었어."라고 말하면서 선택하지 않은 것은 애초부터 별로였다고 설명하는 것, 어떤 것이든 자신과 관련된 일을 더 잘 기억하는 것 모두 그러한 심리작용 때문에 본능적으로 일어나는 반응이다.

그러나 생존에 도움을 주고, 자신감과 만족감을 지원해주는 이러한 '자기애적인 유전자'는 관계 속에서 때로 갈등을 일으키기도 한다. 상대방의 의도와 상관없이 '자신에 대한 위협'이라고 느끼면, 자동적으로 방어시스템이 가동되기 때문이다. 선배가 아끼는 마음에 해준 충고라도 그것이 나를 향한 공격이라고 (평소의 관계, 말투와 내용과 분위기 같은 비언어적인 측면을 모두 고려해서) 인식되면 "어떻게 그렇게까지 말하십니까?"라고 들이받을 수도 있고, 답을 회피하며 도망칠 수도 있다.

어떤 사람들은 이런 본능이 유독 민감해서 선제공격을 하기도 한다. 불안해지면 일부러 상대방의 약점을 건드리면서 자신이 강한 존재임을 확인하고 싶어 한다. 일부러 세게 나가면서 자신을 지키려는 전략이다. 반대로 관계의 문을 꽁꽁 닫는 방법을 선택하기도 한다. 비난과 거절이 두려워서 철저한 외로움을 선택한다. 이것 역시 자신을 독방에 가둠으로써 위험을 피하려는 무의식적인 저항이다.

지나치게 잘난 척하거나, 불필요하게 공격적이거나, 불편할 정도로 폐쇄적인 반응을 보이는 사람들도 사실은 자신을 너무 사랑해서 보호하기 위해 애쓰는 중일지도 모른다. 내가 나를 아끼듯 누구나 자신을 사랑하기 위해 애쓰고 있고, 어떤 의미에서 그것은 매우 정당하다.

상대방의 반응이 이해되지 않을수록 그가 '지금 무엇을 불안해하고 있는가?'를 살펴보면 좋다. 설명하지 않았지만 분명 상대방은 자신을 건드리는 무엇인가를 의식하느라 평소와는 다른 태도를 보이고 있는 중일 것이다.

대화를 시작하기에 앞서 우리가 할 수 있는 배려는 상대방이 안정을 되찾도록 돕는 것이다. 때로는 "불편해 보이는데 이유를 말해줄 수 있나요?"라고 물어도 좋다. 상대방의 반응이 이해되지 않는다고 말로 그를 누르려 하다가는 강한 방어시스템이 당신을 튕겨내 버릴지도 모른다.

물론 당신이 자신의 권위나 체면, 입장을 방어하는 말을 할 때도 있을 것이다.

"말하는 태도가 그게 뭐야?"

"지금 나를 가르치려 드는 거야?"

"네가 뭘 안다고 나서?"

"(어두운 표정으로) …아무것도 아니야."

"관심 꺼. 내가 알아서 할게."

방어는 또 다른 방어를 부르고, 그러다 보면 대화가 격해진다. 그럴 때는 내가 무엇이 불안해서 마음에도 없는 말을 하게 되는지, 필요이상의 반응을 보이는지 알아차리는 게 중요하다. 불안함의 원인을 찾고 나서, 아래 예시처럼 상대가 받아들일 수 있는 방식으로 표현해야 그 고리를 끊을 수 있다.

"예의를 갖추어서 이야기해주면 좋겠어."

"내 의견을 무시하는 것 같아서 기분이 상해."

"내 말이 끝나면 말해줘."

"지금 말하기가 불편해서 그래."

"내게 시간을 더 주었으면 좋겠어."

두 번째 관계의 법칙:
사람은 누구나 각자의 '진실'이 다르다

나의 두 번째 책 『외로운 내가 외로운 너에게』에 이런 대목이 나온다.

무한도전, '열두 살 명수'라는 코너에서 멤버들이 싸웁니다.
술래를 뽑는데 각자 자란 동네마다 술래 뽑는 방법이 달랐기 때문이지요.

정형돈 : 부산시 남구 용호동에서는 "덴디~"라고 했다고! 너희 진짜 이상하다.
하하 : 그게 뭐야? 서울시 용산구 동부이촌동에서는 "데덴찌"였다니깐!
정준하 : 참나 말도 안 돼! 서울시 관악구 신림동에서는 "덴찌 후레찌"였어!
유재석 : 답답하네. 서울시 강북구 수유리에서는 모든 애들이 "뒤집어라, 엎어라"
　　　　라고 했어!

서로가 자기 말이 정답이라며 싸웁니다.
'덴디'가 정답일까요? '덴찌 후레찌'가 정답일까요?
각자의 진실이 만나 다름이 됩니다. 그러나 그 다름 속에서 내 것이 정답이라고
믿는 순간 더 이상의 경청은 어려워집니다.
당신이 비웃고 있는 상대의 말도 그 동네에서는 진실일 수 있다는 것을 기억하
세요.

　우리는 경험의 꼴 대로 세상을 바라본다. 그것은 이미 그 사람
의 세계에서는 검증된 진실이다. 어릴 적 "데덴찌." 하고 말하며
놀았다면, 그것은 곧 거부할 수 없는 사실이다. 물론 그 골목에서
놀았던 아이 누구도 그것에 이의를 제기하지 않았다. 그런데 몇
십 년이 지난 어느 날 엉뚱한 인물이 나타나 이렇게 말한다.
　"네가 알고 있는 것은 잘못되었어. 데덴찌가 뭐니? 덴찌 후레
찌가 정답이야."
　그때 그 말을 순순히 받아들일 사람이 몇이나 되겠는가.

아무리 상냥하고 자상하게, 때론 꼼짝달싹 못할 만큼 강력하게 말해도 그것을 순순히 받아들일 수 있는 사람은 많지 않다. 생각이란 이미 만들어진 길을 따라 흐르게 되어 있어서, 다르게 생각하려고 해도 잘되지 않는다. 그러나 우리는 너무 자주 이 사실을 잊어버린다. 말을 더 잘하면, 힘으로 억압하면 상대방의 오래된 믿음을 바꿀 수 있을 것이라며 자신한다.

알프레드 아들러(Alfred Adler)는 『아들러의 인간이해』라는 책에서 "인간은 항상 자신의 수많은 경험으로부터 동일한 목적의 적용방법을 도출해낸다. 그의 모든 경험은 이미 만들어진 행동양식에 맞춰지고, 그의 생활모형을 강화시킬 뿐이다. 따라서 인간을 이해하기 위해서는 그의 환경을 배제할 수 없고, 인간의 변화에 있어서는 겸손과 인내가 필요하다"고 말했다.

한 사람의 말과 행동은 어린 시절부터 지금까지 반복된 경험 속에서 만들어지고 그것은 시간이 지날수록 강화된다. 따라서 자신을 합리화하고, 누군가를 비판하려 들고, 다른 이에게 책임을 전가하는 행동을 인격의 문제로만 치부해서는 안 된다. 자신을 보호하려고 하는 노력, 익숙한 길에서 벗어나지 않으려는 충돌의 과정임을 알아야 한다.

"사람은 누구나 각자의 진실이 다르다"는 법칙은 상대방에게 영향력을 미치고자 한다면, 그가 가진 진실에 먼저 접근해야 한다는 것을 알려준다. 한 사람을 이해하기 위해서는 그의 진실이 만들어진 환경과 뿌리를 함께 받아들여야 한다. 당신의 진실을 밀어 넣기 전에, 다른 이의 진실에 귀 기울여보자. 그러다 보면 상대방이 보인, 이해할 수 없는 (과도하거나 민감한) 정서적 알레르기 반응을 설명하는 지점을 발견하게 되고 그의 욕구와 기대, 목표 등도 함께 발견하게 될 것이다.

그렇게 그의 진실에 한 걸음 다가가야 당신의 말도 그의 마음에 한 걸음 다가갈 수 있을 것이다.

세 번째 관계의 법칙:
누구나 건강한 관계를 위해서는 '경계'가 필요하다

가까운 사이, 도망가지 못하고 오래 봐야 하는 관계일수록 서로에게 짐이 되는 경우가 있다. 익숙해서인지 당연해서인지 거르지 못한 말이 쏟아지고, 그 찌꺼기들은 고스란히 마음속에 쌓인다. 시간이 지날수록 오해가 깊어지고 앙금이 고인다. 주로 부부 사이나 부모자식 사이, 오랜 친구 사이나 선후배 사이 같은 막역한 관계에서 그런 갈등은 쉽게 벌어진다.

이때 우리에게 필요한 것은 거리다. 너무 붙어 있지도, 그렇다고 동떨어져 있지도 않은 적당한 거리 말이다. '따로 또 같이'라고 할까.

경계가 애매하면 필요 이상으로 서로에게 관여하게 된다. 지나치게 얽혀 있어서 의무감과 피곤함을 느끼는 사이가 된다. 특히 "NO"라고 말할 수 없게 되면 사적인 영역이 애매해진다. 시간이 갈수록 누군가는 고마운 일을 당연히 여기게 되고, 미안함은 점점 무뎌진다. 잘해도 좋은 소리 못 듣고, 조금만 소홀해지면 욕을 먹는 사이가 되는 것이다. 누군가에게는 끊을 수 없는 족쇄처럼 느껴지기도 한다.

반대로 경계가 경직되면 서로를 외롭게 만든다. 상대방을 향한 관심을 거두고, 서로를 고립시킨다. '너는 너대로, 나는 나대로'의 심리 상태이기 때문에 힘들 때 위로받을 수 없고, 도움이 필요해도 협력하지 않는다. 물리적 거리가 가깝다고 해도 마음이 닿지 않으니 외로울 수밖에 없다. 냉랭함 속에서 외로움을 키우는 관계. 뒤를 돌아보고 서로를 보살피면 될 텐데, 밖에서만 애정과 관심의 욕구를 채우려 든다.

우리에게 필요한 것은 명료한 경계선이 살아 있는 관계다. 내가 지켜야 하는 거리, 네가 다가올 수 있는 거리가 명확한 상태. 그래서 기꺼이 하나가 되기도 하고, 필요하면 다른 방식으로 각자의 필요와 욕구를 충족시키는 관계. 그러한 건강한 거리감을 존중하면서 상대방에게 무리한 요구를 하지 않는 관계 말이다.

사람은 평생 동안 두 가지 힘의 균형을 맞추면서 살아가야 한다. 그것은 개별성(individuality)과 연합성(togetherness)이다. 『부부 다시 사랑하다』의 저자이자 상담치료사인 린다 캐럴(Linda Carroll)은 인간에게 필요한 두 가지의 영혼을 두고 "결합에 능한 영혼"과 "거리두기에 능한 영혼"이라고 표현했다. 삶이란 이 두 개의 영혼을 보살피면서 함께 가는 여행이다. 자기 안에서 평화를 이루어야 상대와 화합할 수 있고, 적당한 거리를 지켜야 내면에 안정감이 생기고 타인과의 관계에서도 활력을 유지할 수 있다.

경계선이 명확한 관계는 개별성과 연합성을 자유롭게 오갈 수 있다. 혼자도 좋고, 둘도 좋다. 타인과 가깝게 지내면서도 자신을 잃어버리지 않고, 기쁨과 슬픔을 공유하면서도 감정을 짊어지지 않는다. 할 수 있는 만큼의 도움을 주려고 애쓰되, 자신이 감당할 수 있는 수준이 어느 정도인지 안다. 나를 향한 불만이 있을 때도 곧바로 비난하기보다는, 그 이유에 대해서 생각한다. 건강한 거리를 유지하고 있기 때문에 상대방의 볼멘소리에 즉각적으로 상처를 입는 대신 한 걸음 물러서서 생각할 수 있기 때문이다.

"누구나 건강한 관계를 위해서는 경계가 필요하다."

이 법칙은 누군가를 위해 노력했던 것들이 어떤 마음에 의한 것이었는지를 돌아보게 한다. '너를 위한 거야.'라면서 바닥까지 퍼주고, 혼자 기대하고 혼자 실망한 것은 아니었는지. 그래서 너무 빨리 지쳐버린 것은 아닌지. 아니면 가까워지려는 노력은 하지 않으면서 속상하다는 말만 쏟아낸 것은 아니었는지. 그래놓고 기대할 것이 없다며 너무 빨리 돌아서 버린 것은 아니었는지.

지나치게 붙어 있으면 형태가 일그러져 보이기 쉽고, 너무 멀리 있으면 자세하게 볼 수 없다. 부부든, 부모든, 선후배든, 친구든 서로가 맺고 있는 거리가 편안하고 자연스러운지 살펴야 한다. 내가 다가서는데 상대가 물러선다고 속상해하지 말자. 가장 최적의 위치를 지켜야 서로가 제대로 만날 수 있다. 그것을 존중해야 손을 놓지 않고 멀리갈 수 있다.

씨름의 방식,
왈츠의 방식

요즘 사람들의 관계 맺는 방식을 보면, 어릴 적 아버지께서 즐겨보시던 '씨름'이 떠오른다. 씨름에서 두 사람은 동지가 아니라 적이다. 서로의 힘과 기술을 겨루어 승자와 패자를 가른다. 그 관계에서는 한 명이 이기면 나머지 한 명은 반드시 지게 되어 있다.

반면 왈츠는 다르다. 왈츠는 동행이다. 버티지 않고 함께 간다. 파트너가 앞으로 몇 걸음 나오면 상대방은 그만큼 물러서서 균형을 맞춘다. 왼쪽으로 가면 오른쪽으로 보조를 맞추고, 한 명이 화려한 동작을 구사할 때 나머지 한 명은 그가 쓰러지지 않도록 든든한 버팀목이 되어준다. 그렇게 두 사람은 아름다운 선율에 맞추어 하나의 스토리를 완성해나간다.

사람들 중에도 '씨름의 관계'를 맺는 이가 있고, '왈츠의 관계'를 맺는 이가 있다. '누가 이기나 보자'는 마음으로 사람을 만나는 사람이 있고, 경쟁보다는 관계를 만들어내는 데 집중하는 사람이 있다. 씨름의 방식으로 관계를 맺는 사람은, 말을 무기로 휘두른다. 그것으로 상대방을 굴복시키려고 한다. 반대로 왈츠의 방식으로 관계를 맺는 사람들에게 말은 방향을 가리키는 도구다. 사람들과 목적지를 향해 함께 걸어갈 때 필요한 도구.

당신은 지금 사람들과 어떤 관계를 맺고 있는가. 무엇을 얻기 위해서 말을 사용하고 있는가. 회의시간에, 점심시간에, 가족이나 친구와 대화할 때 당신은 생존을 위한 말을 선택하는가, 아니면 협력을 위한 말을 선택하는가. 당신이 던진 말에 상대방은 불안해하는가 아니면 안도하는가.

말 그릇을 다듬는다는 것은 결국 자신의 내면을 돌아보는 것과 같다. 살면서 반드시 후배들의 존경을 받아야 한다거나, 완벽한 부모가 되어야 한다거나, 대단한 업적을 쌓아야 하는 것은 아니지만 자신의 말 그릇을 매만지고 보듬는 일만큼은 소홀히 해서는 안 된다. 자신의 마음과 생각과 움직임을 의식하고, 살피고, 책임을 지는 일이 곧 나 자신을 돌보는 일이기 때문이다.

말기 환자들을 돌보며 인생의 깨달음을 얻은 작가 브로니 웨어(Bronnie Ware)는, 그의 책 『내가 원하는 삶을 살았더라면』에 이런 말을 남겼다.

"수년간 내게 상처를 주었던 말들도, 그 말을 내뱉은 사람으로 부터 나온 것이 아니었다. 말들은 그들의 상처에서 나온 것이었 다. 그들도 몇 십 년 전에는 아름답고 순수한 존재였다. (중략) 특 정한 사람들을 사랑하지 않는다고 생각했던 시간들이 있었다. 하 지만 내가 사랑하지 않고 심지어 미워하기까지 한 것은 그들이 아니라 내게 상처를 준 그들의 행동과 말이었다. (중략) 모든 사람 의 마음에는 여전히 본래의 순수함이 남아 있다. 단지 삶의 고통 을 겪으면서 흐려져 잘 보이지 않을 뿐이다."

당신이 아직 기억하고 있는 아픈 말도, 당신을 겨냥한 채 작정 하고 내뱉은 말이라고 생각하지 말자. 설령 당신의 눈에 그렇게 보였더라도 말이다. 그들도 우리처럼 자신의 고통과 상처를 치유 하지 못한 상태에서 누군가와 관계를 맺고 있는 상처 많고 두려 움 많은 존재들이다. 그들도 우리처럼 누군가에게 사랑받고 싶어 서, 또는 사랑한다는 이유로 준비되지 않은 말을 서둘러 꺼내는 존재들이다. 그렇기 때문에 서투르고 또 한참 서투르다.

우리 모두는 말실수를 반복하며 살아간다. 분명 내 것인데도, 잘 다듬어지지 않은 감정과 생각과 습관은 그 자체로 살아 움직여 수없이 많은 갈등을 만들어낸다. 하지만 말 그릇을 인식한 사람, 멈추고 돌아보는 사람, 다시 시작하려는 의지를 가진 사람들은 그 후회의 시간을 조금씩 줄여나갈 수 있다. 조금씩 자신의 말 그릇 안에 마음과 사람을 담아낼 수 있다.

당신이 하는 말이 누군가를 일으키고, 다시 달리게 할 수 있기를. 누군가를 위로하고, 사랑할 수 있기를. 무엇보다 당신의 소중한 사람을 지킬 수 있는 힘을 가지길 응원한다.

'말'은 마음을 따라 자란다

얼마 전 SNS에 '노숙자의 운명을 바꾼 작은 관심'이라는 제목의 글이 올라왔다. 미국 뉴햄프셔에 사는 한 여인이 도넛 가게에서 노숙자를 보게 되었다. 1달러를 들고 무언가를 사먹기 위해 서성거리던 노숙자가 내내 마음에 걸렸던 그녀는, 결국 그에게 커피와 베이글을 주면서 '대화'를 시작했다. 노숙자는 마약 때문에 인생을 망친 사연, 암으로 돌아가신 어머니 이야기를 그녀에게 털어놓았고, 헤어질 시간이 다가오자 악필이어서 미안하다며 영수증에 급하게 무엇인가를 적어 그녀에게 건넸다. 그가 남긴 영수증에는 이런 글이 적혀 있었다.

"나는 오늘 자살할 생각이었어요. 하지만 당신 덕분에 그러지 않을 겁니다. 당신은 아름다운 사람이에요. 고마워요."

　나는 잠깐 그 여성에 대하여 생각해보았다. 그녀는 노숙자를 보는 순간 느낀 연민의 감정을 모른 척하지 않았다. 두려움과 불안감도 섞여 있었겠지만, 그 중에서 가장 강한 감정을 찾아내고 인지하고 용기 있게 그것을 드러내 보였다. 노숙자의 이야기를 들을 때도 자신의 관점에서 판단하지 않았다. 자기 삶의 공식을 기준 삼아 비난하거나 조언하지 않았다. 노숙자의 사정을 있는 그대로 들어주었다. 그리고 그것이 그에게 위로가 되었다.

　물론 낯선 노숙자에게 다가갈 수 있는 대범함이 누구에게나 필요한 것은 아니다. 우리는 그저 그 여성이 보여주었던 그 용기와 유연함을 내 곁의 사람들에게 보여주면 된다. '회사 다니기 힘들다'는 남편에게 '당신의 수고에 항상 고마워하고 있어요.'라고 말할 수 있을 정도의 용기면 되고, 성적 때문에 속상해하고 있는 아이에게 다가가 '괜찮아.' 하며 다독일 수 있을 정도의 유연함이면 족하다.

　10대 시절, 나의 말은 화로 가득 차 있었다. 날 버리고 간 엄마, 세상에 뒤떨어진 아빠, 월세 인생이 지긋지긋해서 내 말은 늘 공격적이었다. 스스로를 지키기 위해 강한 척했고, 항상 날이 서 있었다. '이렇게 해도 나를 우습게 볼 거야?'라는 마음 안에서 따뜻한 말이 자라기는 힘들었다. '아프다, 도와 달라'는 말 대신 괜찮은 척하느라 어깨에 힘이 잔뜩 들어가 있었다. 하지만 그렇게 어른인 척해도 내가 내뱉는 말들은 한없이 어렸다.

20대에 했던 말들은 성공을 쫓는 말이었다. 잘나가고 싶었다. 보란 듯이 높이 올라가고 싶었다. 사람들의 인정을 얻기 위해서, 나를 드러내고 돋보이게 하려고 말을 사용했다. 하지만 사람들의 주의를 끌고 매력적으로 보이기 위한 말은 사람까지 보살필 수 없었다. 다른 사람을 아프게 하려는 의도는 아니었지만 그런 말 때문에 사람들은 불편해했다.

그러다 30대가 되어서야 비로소 나와 내가 하고 있는 말을 돌아보기 시작했다. 다른 사람들에게 인정받기 위한 말 대신 진짜 나다운 말이 무엇일까 고민하기 시작했다. 그리고 깨달은 것은 말을 비워야 한다는 것, 그리고 그 시간 동안 나와 내 감정과 마음을 더 바라봐야 한다는 것이었다. 그것을 깨닫고 나자 시간이 지날수록 감정을 표현하는 것에 자연스러워지고 생각에 유연함이 생겼다. 예전처럼 과장하는 대신 내게 어울리는 편안한 말을 갖게 되었다. 그러자 가장 먼저 주변 사람들이 그 변화를 알아차리기 시작했다. 말 그릇이 깊고 넓어지자 자연스럽게 사람들이 하나둘씩 다가왔다.

나는 이제 곧 40대를 맞이한다. 이제 내 말은 또 어떻게 변하게 될까. 어느덧 아이 둘의 엄마가 되었다. 이제는 사람을 성장시키는 말을 하는 사람이 되고 싶다. 사람을 담아내고 위로하고 손잡아주는 말을 하는 사람이 되기를 바라고 있다.

첫째 아들은 이 책을 쓰는 동안 다섯 살이 되었다. 위험한 장난이 부쩍 늘었고 고집도 세졌다. 얼마 전 동생을 맞이해서 그런지 감정기복도 심해졌다. 그런 아들과 침대에 나란히 누워 나는 이렇게 속삭였다.

"아들, 엄마는 네가 장난칠 때도 변함없이 사랑해."

그러자 아들이 대답했다.

"엄마, 고마워."

그런 대답을 들을 수 있을 거라고는 기대하지 않았다. 솔직히 내가 하는 말의 의미를 알 수 있을 거라고도 생각하지 않았다. 그러나 그때 아들의 눈빛은 반짝거렸다. 진심으로 안도하고 행복해하고 있었다.

'아마도 이 말은 네 마음속에서 영원히 살겠지. 엄마가 사라져도 이 말은 남겠지.'

요즘에는 그런 마음으로 말을 하면서 살려고 노력한다. 내 말이 누군가의 가슴 속에서 영원히 살 수도 있다는 마음으로. 그러다 보면 어떤 말도 쉽게 할 수가 없다. 아이가 세상에서 넘어질 때마다 엄마의 말을 꺼내어 본다고 생각하면 말로 아이를 매질할 수 없다. 남편에게도, 엄마에게도, 친구에게도, 동료에게도, 그 누구에게도 그렇다.

말은 자란다. 어릴 적의 나는 '자라게 하는 말'을 많이 듣지 못했다. 하지만 듣지 못했다고 해서 다른 이에게 해줄 수 없는 것은 아니다. 내면에 상처 많은 어린아이를 숨겨두고 살 수도 있었지만 나는 그것을 선택하지 않았다. 더디기는 했지만 조금씩 성장했고, 나를 중심으로 돌아가던 세상에서 빠져나와 주변을 돌아볼 만큼 넓어졌다. 이제는 끊임없이 생겨나는 삶의 과제들이 말 그릇을 더 단단하게 만들어주는 담금질이라는 것을 안다. 그래서 오늘 하루도 성실하게, 사소한 책임을 다하면서 살려고 노력하고 있다. 그 시간들 틈에서 내 말 그릇이 또 조금씩 자라날 것임을 믿고 있기 때문이다.

비울수록 사람을 더 채우는

말 그릇

초판 1쇄 발행 2017년 9월 22일
초판 57쇄 발행 2024년 5월 14일

지은이 김윤나
펴낸이 민혜영
펴낸곳 오아시스
주소 서울특별시 마포구 월드컵로14길 56, 4층
전화 02-303-5580 | **팩스** 02-2179-8768
홈페이지 www.cassiopeiabook.com | **전자우편** editor@cassiopeiabook.com
출판등록 2012년 12월 27일 제2014-000277호

ISBN 979-11-85952-98-7 03190